「戦う自分」をつくる
13の成功戦略

ジョン・C・マクスウェル
ワタミ(株)代表取締役会長
渡邉美樹 監訳

三笠書房

■監訳者の言葉……「戦う自分」をつくり、「夢実現の方程式」を
教える最高のテキスト

渡邉美樹

この本を読んで、もう「夢」に関する本を書くのはやめようと思った。

なぜなら、この本には全てがある。

それくらい、本書は、自己実現、願望達成についての基本が全ておさえられている。自分の中のやる気に火をつける、点火剤のような本である。

自分の夢を実現し、目標に向けて「戦う自分」をつくるための、最高のテキストとも言えるだろう。

本書の著者、ジョン・C・マクスウェルは、「リーダーのリーダー」と言われ、企業や組織の管理職育成、ビジネスマンの能力開発を手がける世界的に著名なカリスマ

コンサルタントである。これまで、二百万人以上のリーダーたちに大きなエネルギーと力を与えてきた。

また、数多くの著書を出版、世界中で累計千三百万部も売り上げるなど、「世界一のメンター」として多大な影響力がある人物である。

本書は、これから何かを成したいと願う全ての人に向けた「成功法則」についての貴重な教えがたっぷりと詰めこまれた、読み応えがあり、かつ実用性の高い一冊である。

夢をかなえるには「方程式」がある

夢をかなえる方法については、たくさんの本が出ているし、多くの人がさまざまなことを言っているが、私自身は「夢を実現する」には、手順、そして方程式があると思っている。

マクスウェルは、本書の中でその手順をみごとに整理し、順序立てて教えてくれている。

まず、「信念を持つ」ところから始まって、最後は「チームワークの力を活かす」。ここまでしっかり体系立てて、その方程式をまとめている点には、大変感銘を受けた。冒頭で、「もう夢に関する本を書くのはやめようと思った」と書いたのは、「夢を実現させる方法を知りたければ、この本を読みなさい」と言えば、すんでしまうからだ。

また、この本が素晴らしいのは、ビジネスマンや働く女性はもちろん、世代を超えて読める本だということ。

たとえば、中学生、高校生であっても、「世界を舞台にして活躍したい」「人の命を救う仕事がしたい」といった夢がある人、「自分はこうしたい」と成し遂げたい何かを心に秘めた人であれば誰でも、本書が座右の書になることを保証する。

私は理事長を務める郁文館夢学園で「夢教育」をしているが、本書をそのテキストとして活用したい。高一や高二くらいの、人生の方向が少し見えて、将来の準備に入る段階で、これをぜひ読ませたいと考えている。

私自身は、小学五年生の時から「社長になりたい」と思い、「社長になるためには何が必要なのだろう」と考え始めたような子どもだったが、特にリーダーを目指す人が知っておくべき「人の上に立つ人に絶対必要な資質」は、全てこの一冊に集約されているといってていい。

また、「夢を持つ限りは青年だ」という有名なサミュエル・ウルマンの詩にもある通り、社会人になっても、年をとっても、全員が手にできる、希有《けう》な本だと思う。

「得意なこと」から始めるから、「苦手なこと」が消えていく

まず、マクスウェルは「得意なことから始めよ」と書いている。これはとても大事な人生の真理だが、私たち日本人は苦手な人が多い。

なぜなら、真面目な日本人は、自分のダメなところを直してから前に進もうとしがちだから。この点については、意識的に変えたほうがいい。

人間は得意なことや好きなことをやったほうが、何倍も、何十倍も力を発揮できる。

つまり、はるかに効率よく前進していけるのだ。

そして不思議なことに、得意なことが伸びていくと、苦手なことがだんだん減って

いく。

だから、まずは得意なことを身につける。そこに集中して努力をする。苦手なことばかり追いかけない。

これは、自分の才能を生かしていくための要諦《ようてい》だと思う。

■■■一気に読める「わかりやすさ」と「バランスのよさ」

また、この本が読みやすいのは、中に出てくる事例が非常にわかりやすいから。マクスウェルの著作の特長は、言葉や例の引用が的確で無駄がなく、上手な点。だから、とても頭に入りやすい。

たとえば、情熱の大切さについては、

「たとえ命を投げ出してでも達成したい目標が見つからないなら、生きている意味がない」

というキング牧師の言葉を挙げている。私はこのひと言にゾクッときた。こうした数々の名言を読み進んでいくだけでも、「人生の主人公」として生きていくためのエッセンスが効率よく身につく。

そこで、私が特に印象的だった名言を四つほど挙げてみよう。

まずは、エベレスト登頂に初めて成功したエドモンド・ヒラリー卿の言葉だ。ヒラリー卿は、そのチャレンジに一度失敗しているのだが、その時、エベレストの写真に向かって、こう宣言したという。

「山はこれ以上大きくならないが、私はもっと成長できる」

どうだろう。どんな戦いにも負けない力が湧いてこないか。

二つめは、「準備した人間」「いつでもスタンバイな人」が成功を手にできるということに関して、英国の名宰相ディズレーリが言った言葉。

「人生で成功する秘訣は、チャンスがめぐってきた時に準備ができているかどうかだ」

一方、逆の真理で、リンカーンが言っているように、

「準備ができていれば、必ずチャンスはめぐってくる」

のも事実だ。

三つめは、「主体性」について書かれた3章にある、

「世界を動かすには、まず自分を動かさなければならない」

というソクラテスの言葉である。

この場合の「世界」とは、どんな小さな組織にもあてはまる。たとえば会社でプロジェクトがあったり、課長の立場で何人かを率いて進んでいったりする場合、**自分がまず行動**しないとどうにもならない。この言葉は、仕事をする全ての人が持つべき心がまえであり、まさに至言である。

そして最後にどうしても挙げておきたいのが、プロバスケットボールのコーチ、ヴィンス・ロンバルディの言葉、

「成功する選手としない選手の違いは、体力や知識の差ではなく、決意が本物かどうかだ」

である。

私も日頃、たくさんの社員を見ていく中で、**能力的にはほとんど変わらないのに、**

結果的に大きく伸びる人、伸び悩む人の違いは、やはり「決意があるかどうか」だと感じている。

あきらめたら、最初からやらなかったことと同じである。

つまり、自分は必ず勝つと決意し、そして勝った姿をイメージし続け、忍耐強く考え抜き、やり抜くこと。

「あと一歩」のところであきらめない気力が大切なのだ。

■■■「いいことしか起こらない人」には理由がある

また、感謝日記をつけることを紹介している箇所は面白かった。毎晩、その日に起こったできごとの中で感謝したいことを五つ選ぶのだという。これは絶対にいいと思う。

私も小学三年生から日記をずっと書き続けているが、言うならば感謝日記のようなものである。

「今日はこんないいことがあった」とか、「今日はこんなに楽しかった」とか、「いいこと」しか書かないようにしている。

するると、自分が恵まれている環境にいることに気づき、いかなることも許容しながら生きていけるのだ。

日記はどちらかというと反省日記であったり、自分の鬱憤《うっぷん》をぶつけたりすることが多い。しかし、反省することも大事だが、やはり反省した後には感謝が必要なのだ。

その他、集中力、忍耐力、勇気、知的好奇心、品格など、マクスウェルが挙げている「才能」を「成功という結果」に結びつけるための考え方については、同感することばかりである。

今、この本を手にしているということ、それだけでこれからの自分に「天と地ほどの差」が生まれる。

さらに、いい本を手にしても、読むだけでそのままの人と、ベッドの脇に置いて繰り返し読む人がいる。

これによって、さらに計り知れないほどの差がつく。

実行するか、しないか――全ては「あなた」次第だ。

もくじ

成功戦略8

「小さなこと」から大きな変化を起こす

「勇気」を持って臨む

成功戦略9

「学び」に貪欲な人ほど加速成長できる！

「知的好奇心」を持ち続ける

成功戦略10 「品格」を磨く

「誰も見ていない時」、あなたは何をやっているか？

■プロローグ――「得意なことから始めなさい！」

「才能」という言葉ほど、過大評価され、意味が取り違えられているものはない。

大事を成し遂げた人を見ると、「あの人は才能に恵まれているから」のひと言で片づけてしまう人がよくいるが、これは真実ではない。

才能だけで成功できるのなら、「才能があるのに、うだつの上がらない人」が山といるのはなぜなのか。

多くの企業は、優秀な人材を常に求めている。才能あふれる人材を雇えば、問題はすべて解決できると信じている。

しかし、現代経営学の父ピーター・ドラッカーは言う。

「何事かを成し遂げる能力と知性、想像力、知識などとの間に相関関係はほとんどない。知性や想像力、知識は重要な資源ではあるが、それだけで結果を出すことはできない。そうした資源だけでは、どんな可能性も頭打ちになってしまうのだ」

才能だけで勝負が決まるなら、人一倍有能で、影響力のある人は、みな生まれた時から、天才の名をほしいままにしていたはずだ。しかし、現実は必ずしもそうではない。

・フォーチュン五〇〇企業の社長の半数以上が、大学の成績の平均はCだった。
・上院議員の六五パーセントは、学生時代の成績は平均以下だった。
・大統領の七五パーセントも、学生時代の成績は平均以下だった。
・百万ドル以上の資産を持つ起業家の半数以上は、大学を中退している。

これを見れば、「才能があれば、成功できる」といった単純な話ではないことが一目瞭然だ。

では、成功したいと願うならば、何が必要か。私には次の三つの信念がある。

1．誰でも必ず「得意なこと」がある

まず一つめは、「自分の得意なこと」を見つけ、その分野で努力すること。

人間はみな平等だが、天性の才能は平等ではない。多くの才能に恵まれる人もいれば、一芸のみに秀でている人もいる。しかし、誰にでも人より秀でている分野が必ずある。

その自分ならではの「強み」を、まずは見つけること、そして最大限に活かすことだ。成功体験があるか、自分に自信があるかといったことはどうでもいいことだ。誰にでも必ず得意分野があり、それを伸ばすことができる。

「才能に恵まれて天狗になっている天才と、得意分野で自分に磨きをかける凡才のどちらが成功するか」という質問の答えは明白なのである。

2．「苦手なこと」を追いかけない

二つめは、「苦手なことは追いかけない」ことである。

自分の弱点の強化に時間を費やす人が多いのはなぜか。

私が力説したいのは、「不得意分野に無駄な時間を使わず、得意分野に時間をかけ

る」という点だ（ただし、あくまで能力の話に限る。態度や行動に問題がある場合は、逆に時間をかけるべきだ）。

いくら不得意分野を強化しても、せいぜい百点満点で〇点だったのが二十点になる程度の向上しか期待できない。しかし、得意分野を磨き抜けば、一万人と言わず、十万人の競争相手を追い抜くことさえ可能だろう。

3．「才能」を「結果」に結びつける正しい選択をする

そして、三つめは、才能を正しく生かすための「選択」をすることだ。持って生まれた才能の他に、どんな選択をするかで、競争相手に差をつけることができる。

その選択とは、次に挙げる**十三の成功戦略**を自分のものにすることである。

1．「信念」を持つ
2．「情熱」を燃やす
3．「主体性」を持つ

4.「集中力」をつける
5.「準備」して待つ
6.「練習」を怠らない
7.「忍耐力」をつける
8.「勇気」を持って臨む
9.「知的好奇心」を持ち続ける
10.「品格」を磨く
11.「責任感」を持つ
12.「つき合う人」を厳選する
13.「チームワークの力」を活かす

常にこの十三の成功戦略を選択していけば、あなたは必ず才能以上の力を発揮できる。

いくら素晴らしい〝ひらめき〟を見せても、間違った選択をすれば「実績」には結びつかない。せっかく実力を発揮するチャンスがめぐってきても、間違った選択のせいでチャンスをふいにしてしまう。才能は天から授かるものかもしれないが、成功は自分の手で勝ち取るものなのだ。

人生は選択の連続で、何を選ぶかによって、その後の人生が大きく変わってくる。どんな職業を選ぶか。誰と結婚するか。どこに住むか。学業をいつまで続けるか。今日は何をするか。

中でも**一番重要な選択は、「どういう人間になるか」ということ**だ。

カードゲームなら、強いカードが来るまでじっと待っていればいいが、人生はそうはいかない。持ち前の才能は神からの授かりものであり、自分で選択する余地はない。しかし、人生は配られた手持ちのカードで勝負するものだ。そして、カードをどう使うかは、本人の選択次第である。

成功戦略1

「信念」を持つ

「決意があるかどうか」——これが決め手

自分に自信がないために、可能性の扉を閉ざしている人は多い。

自分を信じられない人は、たいてい自分の限界を低く設定する。逆に、自分の能力に自信があれば、内に秘めた底力を発揮し、応援され、助けの手を借りて、より高いレベルに到達できる。

〝最高レベルの自分〟になる3つの約束事

どんな才能の持ち主も、自分を信じられなければ、最高レベルの自分には到達できない。「最高の自分」になりたければ、「最高の自分になれる」と確信することだ。

1．自分の「可能性」を信じる

可能性とは、「自分の最高の姿」とイコールである。

発明家トーマス・エジソンは、「自分ができるはずのことをすべてし、能力を余すところなく発揮できたら、驚くべき成果を上げられるだろう」と言っている。

また、インドのマハトマ・ガンジーも、「実際の行動と、潜在能力を発揮してできることとの差を埋めることさえできれば、世界中の問題はほとんど解決できる」と言っている。

ましてや、個人レベルの問題であれば、言うまでもない。

だが、ほとんどの人は、自分にどんな可能性があるかも知らぬまま終わってしまうのだ。

作家マーク・トウェインは、天国の門で聖ペテロに相対した男の話について書いている。

男は会った瞬間に、ペテロが賢く、豊富な知識を持っていると悟り、こう尋ねた。

「聖ペテロ様、私は戦争の歴史に興味があります。歴史上で一番偉い将軍は誰か教えてください」

ペテロは即座に答えた。

「ああ、それなら簡単だ。向こうにいるあの男がそうだ」

男は困惑顔で、「それは何かの間違いではありませんか。生きていた時のあの男を知っていますが、ただの日雇い労働者でしたよ」と言った。

ペテロは、「たしかにその通りだ。だが、もし将軍になっていたら、歴史上最も偉大な将軍になっていたはずだ」と答えた。

漫画家チャールズ・シュルツは、こんなたとえ話をしてくれた。

「人生は、十速ギア付きの自転車だ。誰にでも使ったことのないギアがある」

ギアを使わずに、後生大事にとっておく必要などない。額に汗することもなく、ただ生きているだけの人生は意味がない。自分で自分の可能性を制限してしまうことほど無益なことはない。

能力を存分に発揮できるかどうかは、本人の意気込みにかかっている。他人がどう考えようと関係ない。その人の出自や、それまで信じてきた自分の限界すら関係ない。内に秘めた能力を引き出せるか否かがすべてなのだ。

私は、「自分の能力を開花させせないことは、人生最大の悲劇だ」と言いたい。自分の能力を開花させるには、まず自分の可能性を信じ、人並み以上の成果を上げる決意をすることが不可欠だ。

2 自分の「能力」に自信を持つ

心理学者で、哲学者でもあるウィリアム・ジェームズは、「人間が失敗する唯一の理由は、自分に自信が持てないことだ」と語っている。

自信のある人はそうでない人よりも、よりよい職業に就き、よりよい業績を上げられることが証明されている。

ペンシルベニア大で心理学を教えるマーチン・セリグマン教授は、大手生命保険会社の営業マンを対象とした調査を行なった。その結果、自分は成功すると予想した人の売り上げは、しなかった人の売り上げより三七パーセントも多かったことが明らかになった。

自信の有無は、子どもの頃から大きく影響する。学校での成績を見た場合、**自尊心と成績との相関関係のほうが、知能指数と成績との相関関係よりも強い**と主張する研究者もいる。

マーケティングのエキスパートである弁護士ケリー・ランドールは、「成功する人は、他人が何を言おうと、自分の能力に絶対の自信を持っている」と言う。

そのことが最も顕著なのは、スポーツの世界である。特に**接戦の試合、結果を大き**

く左右するのは自信の有無だと認めるコーチが多い。
プロゴルファー、アーノルド・パーマーのオフィスの壁にかかっているモットーを紹介しよう。

負けたと思った時点で、負けが決まる
挑戦できないと思った時点で、挑戦は終わる
勝ちたいけれど勝てないと思った時点で、勝負がつく
人生という戦いに勝ち抜くのは
強く、速い者とは限らない
最後に勝ち残るのは
勝つという自信を持った者だ

自分の能力に自信を持つ人だけが、能力を存分に発揮できるのだ。

3. 自分の「使命」に自信を持つ

また、自分を最高レベルに高めるためには、自分の「使命」に自信を持つこと。そうすれば、勇気が湧いてくる。

成功への意志がどんなに強くとも、いくら使命感に燃えていても、必ず反対する人や批判する人が出てくる。

しかし、どんなに苦しい状況でも、あきらめずに前進できる人がいるのはなぜか。それは、自分の「使命」に自信があるからだ。

劇作家ニール・サイモンは、こうアドバイスしている。

「『そのやり方はおかしい』という批判に耳を貸すな。それはそうなのかもしれないが、自分のやりたいようにやればいい。『あまりに無謀な計画だ』という人も無視しろ。こんな批判をまともに聞いていたら、ミケランジェロは、システィーナ礼拝堂の床に絵を描くことになり、今頃はすり減って消滅していただろう」

華々しい経歴（トニー賞十七回受賞、ドラマデスク賞五回受賞、ピュリッツァー賞二回受賞）を持つサイモンの言葉だけに、重みがある。

また、使命とは、自分以外の人と関わりのあるテーマであるべきだ。誰かのために生きてこそ、人生は価値がある。

障害を小さくするのではなく、自分を大きくして乗り越える

さて、「単なる自信」が「人格全体に影響を及ぼす個人的信条」に変わった時、それは「信念」となる。単なる「思い」から、はるかにレベルアップしたものが「信念」なのだ。


アメリカ合衆国建国の父の一人、ベンジャミン・フランクリンはこう言った。

「何も期待しない人は幸せだ。なぜなら、絶対失望しないからだ」

自分の信念に基づき、人生で何かを成し遂げたいと思ったら、失望を恐れないこと。夢を追いかける道程では、きっと失敗もするだろうし、間違いも犯すだろう。だが、成功したければ、信念の命ずるままに持てる力を最大限に活用し、頑張り続けるしかない。

ウィクリフ聖書（訳注　十四世紀イギリスの神学者ウィクリフが初めて英語に翻訳した聖書）の翻訳をした言語学者によると、世界中の原始的と言われる二十の言語では、**「信念」と「行動」を意味する単語は同じ**で、文化が〝洗練〟されるにつれて、この二つの言葉を使い分けるようになるという。

そして、この世には二種類の人間がいる。「何かを成し遂げようと行動を起こす人間」と、「ミスを極力避けようと行動を避ける人間」だ。

『いかにして自分の夢を実現するか』（稲盛和夫監訳、三笠書房刊）の著書ロバート・シュラーは、エドモンド・ヒラリー卿に関して、こんなことを書いている。

ヒラリー卿は、エベレスト登頂に初めて成功した登山家だ。登頂に成功する前に、ヒラリー卿は別の登山隊の一員として失敗を経験し、隊員の一人を失っていた。帰国後、ロンドンで行なわれた登山隊の慰労会で、ヒラリー卿が公衆を前に挨拶した。壇上に飾られた大きなエベレストの写真に向き直り、こう宣言した。

「エベレストよ、今回は私たちの負けだ。だが必ず舞い戻って、登頂してみせる。なぜなら、山はこれ以上大きくならないが、私はもっと成長できるからだ」

あなたが今どんな障害にぶつかっているのか、私にはわからない。日に日に困難の度合いが上がっているかもしれないし、すでに最大級に達しているかもしれない。

しかし、これだけは断言できる。

困難を乗り越える唯一の方法は、「自分には、必ず乗り越えられる」と信じることだ。障害を小さくして乗り越えるのではない。自分を大きくして乗り越えるのだ。

■■■ そのチャンスを絶対逃さないために！

「行動」には必ず「結果」がついてくる。物理学の世界では自明のことだ。

「作用反作用の法則」によれば、「ある物体が他の物体に力を与える時、ある物体は他の物体から大きさが等しく、逆向きの力を受ける」。

ところが、この法則が自分の人生も支配していることに気づいている人は少ない。

だから、「うまくいけばいい」と願うだけで、何一つ行動を起こさない人が圧倒的なのだ。
つまり、よい結果を得たければ、それにふさわしい行動をとることだ。ふさわしい行動をとるには、前向きな期待を持つこと。そして、前向きな期待を持つには、信念を持つことだ。つまり、すべては信念から始まるのだ。

スイスを訪れる観光客の間では、登山が非常に人気がある。世界的な登山家が登頂を目指すような山を登るのではなく、「標高の高いところをハイキングする」と言ったほうが正確かもしれない。早朝にベースキャンプをグループ単位で出発し、山頂を目指すのだ。

そのグループ・ハイキングのガイドに、面白い話を聞いた。

ハイキングでは普通、山を登る途中の休憩所で昼食をとり、最後のきつい登りに備えて休憩をとる。ここで、頂上まで登らずに暖かく快適な休憩所に残ると言い出す人が必ず出てくるというのだ。

彼らは、他の人たちが出発した後は、嬉々としておしゃべりを楽しむ。まるでパーティーだ。ところが、日が西に傾く頃になると、窓から頂上を見上げる人が多くなる。

そして、登頂組が戻ってくるまで、みな黙り込んでしまうのだ。なぜなら、自分がせっかくの機会を逃してしまったことに気づくからだ。

ほとんどの人は、スイスを再び訪れることはない。頂上に立つ機会はもう二度とめぐってこない。一生に一度のチャンスを逃してしまったのだ。

自分の能力を最大限に活用しないのも、これとよく似ている。自分の可能性に自信が持てず、せっかくのチャンスがめぐってきても、信念に基づいた行動がとれず、そのチャンスをものにできない。

こんなことをしていてはいけない！

自分の人生を思い通りに生きてほしい。自分の理想の姿を思い浮かべ、「できること」はすべてやり遂げねばならないのだ。

成功戦略2

「情熱」を燃やす

〝ほどほどの人〟が得意分野で大化けする!

自分の能力を十二分に発揮し、夢を次々と実現させていく人は、凡人とどこが違うのか。

リスクをものともせず、常に上を目指し、何がなんでも目標を実現させるのに必要なものは何か。

それは「**情熱**」である!

情熱は、ある意味、綿密な計画より重要で、やる気に火をつけ、燃え上がらせる燃料だ。私はいまだかつて情熱にあふれているのにエネルギーが足りない人など見たことがない。

情熱さえあれば、失敗しても構わない。何度転んでも関係ない。「そんなのは無理」と言われても、いくら非難されても、気にもとめない。

情熱が燃えさかっている人は、ガムシャラに突っ走って、あらん限りの能力を発揮するだけだ。

「やりたいこと」を仕事にしている人々

情熱があると、人生すべてが生き生きとした活力に満ちてくる。もちろん才能はますます開発され、得意分野で精力的に活躍するエネルギーが滾々《こんこん》と湧いてくる。すぐれた能力に恵まれながら消極的な人より、ほどほどの能力ながら情熱的に打ち込む人のほうが成功する確率は圧倒的に高い。

情熱的な人は、エネルギーが尽きることなくあふれ出し、目標や夢を絶対にあきらめないからだ。

ロバート・クリーゲル（訳注『C型人間』の著者）とルイス・パトラーは、「情熱」と「仕事の成功」との関係について、千五百人を二十年間追跡調査し、次のような研究成果を発表している。

被験者は、調査開始時に二つのグループに分けられた。

全体の八三パーセントを占めるグループAは、そのうちやりたいと思っていることがあるが、今はとりあえず高給の仕事に就く決断をした。残りの一七パーセントに当たるグループBは、まったく逆の理由で職業を選択した。まず自分のやりたいことを仕事に選び、お金の心配は後でする決断をしたのだ。

その結果、驚くべきことがわかった。

❍二十年後、被験者千五百人のうち、百一人が百万ドル以上を稼いだ。
❍この百一人のうち百人は、すべてやりたいことを仕事にしたグループBに属していた。

「好きこそ、ものの上手なれ」とはよく言ったもので、見返りがなくても熱中できることを見つけて一所懸命に努力すれば、喜んでお金を払ってくれる人が必ず出てくるものだ。

メイヨー・クリニック（訳注　ミネソタ州に本部を置く世界のトップレベルの医療を提供する総合医療施設）創設者の一人チャールズ・メイヨー医師がオフィスの壁に掲げていた「仕事ほど面白いものはない」というモットーは、そのことをよく言い表わしている。

■■■　〝情熱の炎〟をたぎらせる5つの心がまえ

魂に情熱という火が灯れば、不可能は消滅する。

だからこそ、哲学者で、詩人でもあるラルフ・ウォルド・エマーソンは、

「世界史上に残る偉業はすべて情熱の勝利だ」

と書き記したのだ。

能力を開花させる原動力として、情熱にまさるものはない。そこで情熱の炎をたぎらせる方法について検証していく。

1．「心底やりたいこと」を追いかける

まずは、「自分の好きなこと」に専念すること。もしくは、自分のやっていることを好きになること。

なぜなら、「好きなこと」をやっている時、人は自然とその世界に没入し、ひたむきに努力できるからだ。だから、自然にいい成果も上げられる。

「本当はやりたくないこと」に情熱を傾け、大きな成果を上げるのは、まず無理なのだ。

ソクラテスとプライドの高い若者の話がある。

プライドが高すぎて、誰でも見下してかかる若者がソクラテスのところにやって来て、「偉大なるソクラテス先生、教えを乞いにやって来ました」と言った。

ソクラテスは、軽薄で真実味に欠ける若者の本性を即座に見抜き、腰まで浸かるほどの深さの海の中に若者を導いて、「もう一度何が欲しいか言ってごらん」と言った。

「知識です」と若者は微笑みながら答えた。

ソクラテスは若者の体を海中に沈めて三十秒押さえつけた後、「何が欲しいのか」ともう一度聞いた。若者は咳き込みながら、「知識です、ソクラテス先生」と言った。

ソクラテスはまた若者の体を水中に沈めて、水面に浮かんできた若者に、「何が欲しいって?」と聞き返した。「知識です、ソ……」と言いかける若者を、もう一度水中に沈め、今回はもっと長く押さえつけた。

再び浮かんできた若者に、何が欲しいかとまた聞くと、今度は水を吐きながら激しく咳き込んで、「空気！　空気が欲しい」と叫んだ。

「今空気が欲しいと言ったのと同じ熱意を持って知識を求めたら、必ず知識は身につくはずだ」

ソクラテスはそう言い残して、岸に戻った。

偉業を成し遂げる唯一の道は、心の底から欲することなのだ。

2．自分の欲望を正々堂々と肯定する

二つめは、自分が心底望むものは何かを明らかにすることだ。

誰でも情熱を心に秘めているが、自分が何に情熱を燃やすことができるのか、発見するための手間をかける人は、非常に少ない。

情熱は意志に働きかけ、「やらなくてはならない」という義務感を「ぜひやりたい」という強い意志に変えてくれる。

人生で何かを成就するには、**どれぐらい強く欲しているか**が問題になる。

意志の強さ《ウィルパワー》は、欲求の強さ《ウォントパワー》によって決まる。是が非でも手に入れたいと思えば、意志の力は後からついてくるものだ。

勝ちたいと思わなければ勝者にはなれない。

チャンピオンは「肉体」ではなく、「精神」によってつくり上げられるのだ。

3・〝不完全燃焼〟の生き方と手を切る！

三つめは、不完全燃焼な生き方と手を切ること。

常に一〇〇パーセントの情熱でことに当たっていれば、不思議なくらいエネルギーが湧いてくる。意欲も自然と高まり、目標までの道のりも楽しみながら進むことができる。反対に、力を出し惜しみしたり斜に構えた態度でことに当たったりすれば、目標までの道のりは長く、険しいものになる。

もっとエネルギッシュにやりたいこと、実現したいゴールに向かって突き進んでほしい。

よく、あの人は「覇気がある」とか「覇気がない」という言い方をするが、むしろ「情熱がある」「情熱がない」と言い換えるほうが適切である。

飛行家チャールズ・リンドバーグは、「心底やりたいことをやる時ほどワクワクすることはない。飛行機なんかなくても空を飛べそうな気がするくらいだ」と言っている。

燃え尽き症候群が話題になることがあるが、そもそも本当の意味で情熱を燃え立たせた経験がない人のほうが問題だ。ジャーナリスト、ノーマン・カズンズは、「肉体の死が人生最大の悲劇ではない。生きている間に心が死んでしまうほうがもっと悲しい」

と書いている。

情熱がなければ、人間は少しずつ死んでいく。用心しないと、「三十歳で死亡、六十歳で埋葬」と墓石に刻むことになりかねない。

4. 「凡人」を「才人」に変える魔法のエネルギー

情熱の炎をたぎらせるための四つめの心がまえは、何がなんでも達成したい「目標」をつくることだ。

目標と情熱が一致した時、「凡人」を「才人」に変えるエネルギーが生まれる。

たとえば、この私だ。高校の頃、私は決して優秀とは言えなかった。バスケットボールが何よりも大事で、次は友達、勉強はずっと下がって三番めだった。

バスケットボールと友人たちと遊ぶことには熱中したが、勉強は親を喜ばせるためにイヤイヤやっていただけだった。学校はあまり面白い場所ではなかった。

ところが大学に進学すると、すべてが違っていた。興味のある授業だけを選択できるから面白いし、将来の仕事にも役に立つ。「将来のため」という目標が定まり、勉強に熱中し始めたら、当然成績もぐんぐん上がった。

高校では校長先生のブラックリストに名前が載っていたが、大学では常に成績優秀者リストに載るようになったのだ。

公民権運動の指導者マーチン・ルーサー・キング牧師は、

「たとえ命を投げ出してでも達成したい目標が見つからないなら、生きている意味がない」

と言っている。目標が見つかれば、情熱が生まれる。そして情熱があれば、持って生まれた才能が活性化し、素晴らしい成果を上げられるのだ。

5.「やる気」は必ず伝染する！

情熱の火をさらに燃やすための五つめの心がまえは、自分の「やる気」を周りにも伝染させていくことだ。

宣伝、広報のスペシャリスト、エレノア・ドーンは、

「自分の心に情熱の炎のない人は、人の心に火をつけることはできない」

と述べているが、私もまさに同感だ。

私は長年、コミュニケーションについて研究、指導をしてきたが、自分の使命や目標に向けて熱く生きている人というのは、いつ見ても気持ちがいい。

人を指導するには「理性」が必要だが、人をやる気にさせるには「情熱」が必要なのだ。

歴史上の偉大な指導者や実業家を見ても、情熱の炎が周囲の人に「燃え移った」例はいくらでもある。

私はウィンストン・チャーチルの大ファンである。一九三〇年代、チャーチルは英国の政界では影の薄い存在だったが、ヒトラーの台頭と共にチャーチルの情熱の炎は

燃え上がった。英国で誰よりも先にナチに反対したのはチャーチルであり、自由と民主主義を守ることに激しい情熱を燃やした。

ヒトラーがヨーロッパ征服と英国粉砕を宣言して宣戦布告した時、チャーチルの絶対不屈の精神は英国民だけでなくアメリカ国民にも広まっていった。もしチャーチルがいなかったら、現在の自由世界の運命は大きく変わっていただろう。

“自動発火できる自分”になる3つの方法

思い通りにエネルギーを発揮できない人は、心に秘めた情熱に火をつけなければならない。そのやり方はこうだ。

1.「目を引くこと」ではなく「心ひかれること」を追求する

情熱はあるのに優先順位を決めていない人は、雪の降る寒い晩に何本もの小さなローソクに火を灯して部屋を暖めようとしている人のようだ。

逆に、優先順位は正しいが情熱のない人は、同じ山小屋で暖炉に薪を山積みにしたただけで、火もつけずにいるようなものだ。

ところが、**情熱を持ち優先順位を正しくつけられる人**は、積んだ薪に火をつけ、明るくて温かい炎を楽しむことができる。

私自身、自分の不得意なことや興味のないことに費やす時間が多すぎた。しかし、自分が熱中できることにだけ集中できるよう優先順位を変えた結果、人生が大きく変化した。悩みや問題が消滅したとは言わないが、より前向きに取り組めるようになったのだ。

自分の情熱と優先順位のバランスをとるための努力を私はずっと続けている。脇道に逸《そ》れないように、

「目を引くものは数多いが、心ひかれることは数少ない。追い求めるべきは心ひかれることだけである」

という、ジャーナリスト、ティム・レドモンドの言葉を一年間、目につく場所に掲げておいたこともある。

情熱を注げることを優先するには、リスクがつきものだ。だが、**無難に生きるだけ**

では才能は磨かれないし、後悔する人生が待っている。

もし、ものごとの優先順位と情熱の程度が一致していないなら、優先順位を変えること。この変化には、仕事であれ私生活であれ、リスクが伴うだろう。

だが重要なのは「リスクがもたらす苦痛」と「後悔することの苦痛」のどちらを選ぶかということだ。

2.「情熱の火」を火消し役から守る

キャンプなどで火を起こした経験があればわかると思うが、火は放っておけばやがて消えてしまう。消さないためには、火を風や水から守り、薪をくべ続ける必要がある。情熱の炎も同じだ。

この世には二種類の人間がいる。情熱を燃え上がらせてくれる「ファイアライター（火つけ役）」と、冷たい水をかけて情熱の炎を消そうとする「ファイアファイター（火消し役）」だ。

「火つけ役」と「火消し役」の違いはどこにあるのだろうか。言葉の使い方に注意してみよう。「火消し役」がよく使うのは次のような言葉だ。

- 予算に含まれていない
- 現実的ではない
- 以前にトライしたが、うまくいかなかった
- 前例がない
- わかるけどねぇ、でも……
- 上司がウンと言わないだろう
- 何とか動いているなら、直さなくてもいい
- ここではそんなやり方はしない
- 絶対うまくいかない
- 誰が余分な仕事を引き受けるんだ
- そんなに○○ではない（例：若くない、経験がない、能力がない、頭がよくない）
- 勘違いしてるんじゃないのか
- 何様のつもりだ

こういう言い方をする人が周囲にいたら、近寄らないでおいたほうが身のためだ。火消し役は、長所ではなく短所ばかりあげつらう。どんなにうまくいっていても、必ず欠点を見つけ出す。何でも疑ってかかるし、変化が大嫌いだ。あなたのやる気に水を差し、力を発揮させまいとする。触らぬ神に祟《たた》りなしだ。

代わりに、今のあなたではなく、あなたの将来性に注目し、夢の実現を後押ししてくれる人、情熱をかき立ててくれる人とつき合うこと。

私は月に一、二回は「火つけ役」と一緒にランチに出かけることにしている。そうすると、自分の「やるべきこと」がはっきり見え、情熱の炎が燃え上がる。

3. 人生に「感謝」しながら努力し続ける

自分の人生で成し遂げたいことは何か。エネルギーを何に集中させるのか。生きながらえることか、成功することか、それとも意味ある人生を生きることか。

ただ生きていくだけなら、今の時代は何をしてでも暮らしていける。反対に、成功だけを目的に生きるのでは物足りない。

夢はもっと大きく持つこと。

劇作家ジョージ・バーナード・ショーのような考え方をすることが大切なのだ。

「私の人生は世の中のためにあるのだと信じている。生きている限り、自分にできることは何でもやる。努力すればするほど豊かに生きられるからだ。人生そのものをありがたく思っている。人生はすぐに燃え尽きるろうそくではなく、明るく燃えさかる松明《たいまつ》をしばらくの間手にするようなものだ。次の世代に松明を手渡す前に、自分の手中で思いきり明るく燃え上がらせたいものだ」

情熱があれば、能力の限界をはるかに超えた業績を上げられる。情熱的な生き様は人々の記憶に残るだろう。能力を活性化するにも、偉業を達成するにも、情熱が原動力となるのだ。

成功戦略3

「主体性」を持つ

「自分」が動けば、「世界」も動き始める！

「千里の道も一歩から」と言うが、これは真実である。

夢を次々と実現する人、夢をかなえる人は、条件がすべてそろうまでことを先延ばしにしたり、問題や障害が消えてなくなるまで待ったりしない。恐怖心がなくなるまで待つこともない。

なぜなら、成功の秘訣は、「行動を起こすこと」だと知っているからだ。最初の一歩を踏み出せば、問題は自ずと解決し、能力を発揮できるようになる。とにかく第一歩を踏み出さなければ、何も始まらない。

〝自分の翼で飛べる人〟はここが違う!

自分の能力を最大限に発揮するには、自主的に生きること。それには理由がある。

1.「自分の足」で動くと世界が好転する

人生の最終到達点を決める時、スタート地点は問題ではない。まずは「スタートすること」が重要だ。とにかく一歩足を踏み出し、行けるところまで行ってみること。

細かいことをグダグダと考えるよりも、まずスタートを切る。そして人からの評価など気にせず、ガムシャラに前進し続ける。

成功する人は自分から行動を起こし、最後までやり通すものなのだ。

2. 動き始めると不安・恐怖心は消える

作家キャサリン・パターソンは、「恐れることと、怖くて身動きできなくなることは全く別の話だ」と言っている。

恐怖心は誰にでもある。問題は恐怖をうまくコントロールできるか、それとも恐怖に振り回されてしまうかである。

私の友人はスカイダイビングに挑戦した時の感想を「ジャンプする前の恐怖心は、ジャンプしたとたんにすべて消え失せた」と話していたが、この言葉には心底驚かされた。

ノーマン・ビンセント・ピール牧師は言う。

「行動すると自信が湧いてくるだけでなく、弱気になった気持ちを立て直すことができる。**恐怖心のせいで動けないのではなく、動かないから怖くなるのだ。**行動すれば成功するかもしれないし、軌道修正を迫られるかもしれない。しかし、何もしないより、とにかく動くことだ」

恐怖心を払拭したければ、とにかく行動を起こせばいい。

3 "チャンスの神様"は待ってくれない

ベンジャミン・フランクリンは、

「成功するには、結論に飛びつくのと同じ素早さでチャンスを捕まえろ」

と言っている。率先して行動し、努力を惜しまない人でも、成功する保証はない。だが、自分から行動しない人には、失敗が保証されている。

意思決定すべき案件、解決すべき問題、検証すべき可能性、始めるべき計画、到達すべきゴール、つかむべきチャンス、実現すべき夢……。

条件がすべてそろうまで待ってから行動を起こし、成功した人はいない。成功確率八〇パーセントの段階で行動を起こすほうが、一〇〇パーセントになるまで待ち続けるよりずっといい。チャンスの神様は前髪しかないのだから。

4・〝受身の人生〟ほど疲れるものはない！

「生きることはむずかしい」という、心理学者M・スコット・ペック博士の有名な言葉があるが、そのこと自体はさほど問題ではない。むしろ「むずかしさにどう対処するか」が問題なのだ。

幸運が訪れるまで待っている人は多いが、こうした〝受身の姿勢〟は人生をさらに困難なものにする。努力しなくても手に入るものは、本当に欲しいものではないことが多い。心から望むものを手に入れたければ、努力あるのみだ。

哲学者、心理学者のウィリアム・ジェームズは「未完成の仕事を放っておくことほど疲れることはない」と言っている。

一般に、手がかかる仕事、むずかしい仕事と言われるものは、要するに昨日、先週、先月終わらせておくべきだった、簡単な仕事がたまりにたまったものだ。とにかく手をつけることが大切だ。

5・繭《まゆ》をつくらないイモ虫は、蝶になれない

次に何をすればいいのか、人から言われるまで何もしないで待っている指示待ち人

間が多すぎる。

自主性の大切さは理解していても、その真の価値を知っている人は少ない。

一つの逸話を紹介しよう。

一八七〇年代、当時最先端の技術であった電報の技術を全面的に改良し、電線を使って人の声を送信する方法を模索していた人物が二人いた。

この二人、アレクサンダー・グラハム・ベルとエリシャ・グレイが全く同じ日、つまり一八七六年二月十四日に特許申請を行なったという事実には驚かされる。ベルは自ら足を運び、その日五人目の申請者だった。ところが、グレイは弁護士を代わりに行かせ、ベルより一時間以上遅れただけでなく、予備申請をしたに過ぎなかった。

このわずかな時間の差によって、グレイは莫大な経済損失をこうむった。後に法廷でグレイは「自分が先に電話を発明した」と主張したが、ベルが先に特許申請した事実を否定することはできなかった。

才能に恵まれていながら、自主的に動けない人は、繭をつくろうとしないイモ虫のようなものだ。空を飛ぶ潜在能力があるのに、蝶になることができず、いつまでも地面を這《は》う羽目になる。

動けない"言い訳"はするな

自主性について言うなら、人間には次の四つのタイプがある。

1．人から言われなくても、正しいことができる人
2．人から言われれば、正しいことができる人
3．人から何回も言われれば、正しいことができる人
4．人から何回言われても、正しいことができない人

もちろん、あなたは、1の人間にならなければならない。しかし、それができない理由は何だろうか。

1．史上最高の賢人、ソロモン王の教え

古代イスラエルのソロモン王は、史上最高の賢人と言われている。ソロモンが書い

たとされる旧約聖書の『箴言《しんげん》』を読むたびに、必ず学ぶべきことがある。
私が最近好んで読んでいる新約聖書の現代語訳の中から、ソロモン王の言葉を引用しよう。

愚かな怠け者よ、アリを見てみろ。
一所懸命見て、大切な教えを学ぶのだ。
アリは誰にも言われなくとも、
夏の間も収穫の秋にも、黙々と食べ物を蓄え続ける。
お前はいつまで何もせずに、ゴロゴロしているのか。
いつまで寝ているつもりだ。
好きな時に昼寝をし、仕事をさぼり、
何もせずにのんびりしていれば、どうなるかわかっているのか。
ろくでもない人生が待っていることだけは確実だ。
一生、貧乏神につきまとわれるに違いない。

英国の経済学者ジョサイア・スタンプ卿（元イングランド銀行理事）は、**「責任を避けるのは簡単だが、責任を避けた結果からは逃れられない」**と述べているが、これは真実だ。行動してもしなくても、最終的にはそのツケが自分に回ってくる。

自主的に行動できない人は、英国の劇作家ジェームズ・オールベリの詩に出てくる人物と同じ運命にある。

夜はいつも月の下で眠った。
昼はいつも日光浴を楽しんだ。
いつも「やればできる」と気ままな人生を送った。
そして何もしないまま死んでしまった。

2.「誰かがやる気にさせてくれる」と思うな

誰かがやる気にさせてくれるのを待っている場合ではない。

成功する人は、誰かから導火線に火をつけてもらう必要はない。自分の中からやる気が湧いてくるからだ。

中小企業向けの給与計算サービス代行会社であるペイチェックス社の創立者トム・ゴリサノはこんな意見を述べている。

「人にやる気を起こさせることはできないと思う。できるとすれば、もともとやる気のある人を採用して、意欲を失わないような職場環境を整えることだけだ」

出世したいと思う人は、自分で自分に火をつけなければならないのだ。

私は「歩き出す前に考えすぎる人は、一生、片足で立ったままだ」という中国の諺が大好きだ。**本当の悲劇は、人生が短すぎることではなく、本当の人生を生き始めるまでに時間をかけすぎること**なのだ。

グズ病とスッパリ手を切る7つの方法

自主性のない人が何も行動を起こせないのは、「今日」ではなく常に「明日」ばかり見ているからだ。

「明日」という言葉は魅力的に聞こえるが、何一つとして確実なものはない。

ニューメキシコ州サンタフェの家具屋の壁にかかった古ぼけた看板の話を聞いたことがある。看板には「明日、店内の全商品を無料で差し上げます」と書いてあった。客は一瞬喜んだが、次の日になっても看板の文句はそのままだった。家具を無料でもらえる日は、一日また一日と先延ばしにされていくだけで、現実には決してやってこない。

スペインのバルタザール・グラシアン（訳注　十七世紀に活躍した著述家で、イエズス会の修道士）は、

「賢人がすぐに実行することを、愚か者はいつまでも先延ばしにする」

と言っている。

「やる価値」のあることなら、「今すぐ」やるべきなのだ。

誰でも大なり小なり、こうした「先送り問題」に苦しめられているのが正直なところだろう。面白くなさそうだったり、複雑すぎたり、面倒な仕事だったりすると、つい手をつけずにおきたくなる。自分が好きなことでさえ、すぐにとりかかれないこともある。

ゲーテも「考えを実行に移すことが、この世で一番むずかしい」と言っている。この問題を克服するためのアドバイスがいくつかある。

1．偉大な魂には「意志」が宿り、ひ弱な心には「願望」が宿る

ソクラテスは、

「世界を動かすには、まず自分を動かさなければならない」

と言っている。

「自分の人生の責任をとれない人」イコール「自分から進んで行動できない人」なのだ。責任と自主性は分けて考えることはできない。

挫折は誰でも経験する。どんな人も障害に遭遇する。自分は運が悪く、何一つうまくいかないと思う時もあるだろう。それでも自分から進んで解決しようとする気概が必要だ。

「偉大な強い魂には意志が宿り、ひ弱な心には願望しか宿らない」

という格言もある。ただ成功を願うだけでは成功できない。自分の責任で行動しなければならないのだ。

2.〝失敗〟は成功への道、〝言い訳〟は堕落への道

孟子は「試みが失敗に終わったら、自分の落ち度をまず探せ。それを正すことができれば、世界は後からついてくる」と書いた。

自主性がないという自覚があれば、まず「具体的な問題点」を見つけ出すこと。自分の行動の責任をとらず、そのつけが回ってくることに目をつぶろうとしていないか。やる気が出ないのを、他人のせいにしていないか。条件が整っていないと安穏としていないか。今できることを先送りしていないか。

ここで重要なのは、「言い訳」と「正当な理由」とを区別することだ。悪いのは自分ではなく、自分以外の誰か、あるいは何かのせいだと責任を転嫁するのが言い訳だ。

失敗は成功へと続く道だが、言い訳しながら成功することはない。

3.〝リターン思考〟でことに当たる

自ら進んで動けるようになるためには、どんなリターンを得られるかを考えるとよい。

経済的な見返りがあるのか。やりたい仕事ができるのか。何はともあれ、終わって

スッキリしたと思えるのか。とにかく、貴重な時間を浪費しないためにも、行動を起こしたくなるような動機づけを見つけること。

そして、これならやれそうだと思ったら、迷わず行動に移すこと。「おそるおそるアザミに手を触れるとトゲが刺さるが、一気に握ればトゲは折れる」という言葉を信じるのだ。

4・「夢・目標」を掲げると、応援団ができる

自分一人の力だけで成功する人はいない。

リンドバーグは、決して自分一人の力で大西洋単独無着陸飛行を達成したのではない。アインシュタインも相対性理論を一人で構築したのではない。コロンブスも一人で新世界を発見したのではない。

助けてくれた人がいたから、偉業を達成できたのだ。

自分を応援し、助けてくれる人たちと自分の夢や目標を共有すること。

たしかに、自分の夢や目標を人に教えるのは危険を伴うこともあるが、それだけの価値は十分にある。

5．「大きな目標」は因数分解してから取り組む

大きな目標を前にすると、立ちすくんでしまうことがよくある。

たとえば、カテゴリー別に分ける、重要度で優先順位をつける、やるべき順番に並べる、能力に応じて人に任せる――といった具合に「大きな目標」を小さく分割していけば、自主的に動けるようになる。

6．とにかく「決まった時間」に取りかかる

「国際ナビゲーター」の創設者ドーソン・トロットマンは言う。

「何かを始めるまでにかかる時間ほど無駄なものはない」

手紙を書く時に一番大変なのは、最初の一行を書くことだ。かけたくない電話をかける時に一番むずかしいのは、受話器を取り、番号を押すことだ。ピアノの練習で一番むずかしいのは、ピアノの前に座ることだ。

「やりたくないこと」には、どうしても最初の一歩が踏み出せない。

この難関を乗り越えるには「時間を決めて取りかかる」のが有効である。毎日午後

二時から三時までやると決めたら、たとえ気が進まなくても二時には取りかかる。三時になったらとにかく終わる。そして、また明日やればいい。

7. 蛇口をひねらなければ水は流れ始めない

私はよく本の書き方について質問を受ける。

「僕も先生のように本をたくさん売って、人に影響を与えたい」と彼らは言う。

「それはいいことです。今までにどんなものを書いたの」と尋ねると、たいてい「まだ何も書いたことはありません」という答えが返ってくる。

それでも激励の意味を込めて、「それでは、今何を書いているの」と訊くと、「まだ実際には書いていませんが、アイデアはたくさんあります」と答える。

そして、学校を卒業したら、来週になったら、来年になったら、もっと時間ができるという話になる。

この説明を聞いたとたん、この若者は絶対に本を書くことはないだろうと思う。

百冊以上のウエスタン小説を書き、二億三千万部以上を売った作家ルイス・ラムー

アは、

「何がなんでも書き始めるのだ。蛇口をひねらなければ、水は流れ始めない」

というアドバイスを残している。

望むだけでは足りない。やる気があるだけでも足りない。能力があるだけでも足りない。

自分から進んで行動してこそ、成功できるのだ。

成功戦略4
「集中力」をつける

ただ一つのことに、
集中してみる！

能力を最大限に活用しようと願う人にとって、集中力は絶対に欠くことができないものだ。

集中力のない天才は、スケート靴をはいたタコのようなものだ。八本足で四方八方に動こうとするが、いったいどの方向に進もうとしているのかわからない。

しかし、力を一つの方向に集中させれば、どんどん前進できる。

〝全部を狙おうとする〟から〝一羽もしとめられない〟

仕事でアルゼンチンのブエノスアイレスに出かけた時だった。

初めての国を訪れる前には、その土地の珍しい風物を調べるのが私の習慣だ。その国の観光名所を訪れたり、そこでしか経験できないアクティビティーをしたりするのが私の楽しみだ。

アルゼンチンは、世界一の野バト猟の狩場だという。ブエノスアイレスの北約百二十～百六十キロのところにある狩場には、それこそ何百万羽ものハトが飛んでくる。

私は新しいことに挑戦するのが好きなので、同僚のレイ・モウツを誘って、一緒に猟に行くことにした。

　ガイドの手伝いで準備が整い、案内されると素晴らしい景色の渓谷に着いた。わずか一時間で、五千羽以上のハトの群れが頭上を飛んでいった。ハトの群れで空が暗くなることさえあった。

　私は鉄砲を撃って、撃って、撃ちまくった。ハトがあんまりたくさんいるので、撃ちそこなうのは不可能だと思いながら、とにかく撃ち続けた。

　ところが、一時間も撃ち続けたのに、レイも私も、なんと一羽もしとめられなかったのだ。

　見かねたガイドが助け船を出してきた。

「ハトを全部狙おうとするから当たらないんだ。全部を狙う必要はないし、逃げたハトなんか心配しなくていい。三十秒もすれば、また別の群れが飛んでくる。ハトはひっきりなしに飛んで来るから、逃したハトの心配などしなくていい。一羽撃ち落とすことだけに集中するんだ」

　このガイドの言葉に私たちは聞き入った。

■■■〝ありあまるほどのチャンス〟を生かす人、生かせない人

二時間ほどして休憩をとったほうがいいとガイドに勧められ、昼食をとりにテントに戻った。そこでアーカンソー州出身の本物のハンターに出会った。着ている迷彩服もショットガンもよく使い込まれていて、一目見ただけで本物だということがわかった。

レイと私がこの二人のハンターの向かい側にすわると、一人が「今朝は何羽撃ち落としたかね」と訊いてきた。レイが「三」と恥ずかしそうに答えると、「三か。三百羽なら悪くないじゃないか。いやなかなかの成績だ。俺たちは四百五十羽しとめたかな。特に今回が初めてなら三百羽は立派なものだ」と言った。

「いえ、そうじゃなくて」と、レイが答えた。「三羽です。三百羽じゃありません。ただの三羽、一、二、三の三です」と指を出して数えて見せた。

これには二人のハンターもさすがに驚き、しばらく私たちの顔をじっと見つめるだけだった。しばらくしてから、一人がこう言った。

「おいおい、わざわざ狙わなくたって三羽ぐらい撃ち落とせるだろう。でたらめに撃ったって三羽は当たる。狙って撃ったのに三羽ってことはないだろう。全くの偶然でも三羽は当たる」

午後になりいくらかましになったが、たいした成果はなかった。二人とも射撃が下手なことは事実で、それが根本的な原因だった。才能のない分野で成功しようとしても多くは望めない。

とはいえ、今回のハト猟は、ありあまるほどのチャンスを前にすると、結局どれ一つとして手に入れられないという状況を示すよい例だった。

■■■ “困った現状”をたちどころに打開するコツ

集中力には、とてつもないパワーがある。集中力に欠けると力が抜けたようになり、大きなことは達成できない。集中力があれば、才能を伸ばすべき方向性も定まり、成果をより速く確実に生み出せるようになる。

集中力については知っておくべきことがいくつかある。

1. 百の「浅知恵」より、錐《きり》のような「集中力」

たいして興味のないことに時間とエネルギーを浪費している人は多いが、実に嘆かわしい。自分の求めるものがわからないまま、あれこれ目移りするという苦しい状況を打破するのが「集中力」だ。

詩人ウィリアム・マシューズはこう書いている。

「百の浅知恵を持つよりも、一つの能力をとことん追求することに意義がある。心を奪われることが山ほどある今の時代に成功するためには、何よりも集中力を身につけることだ。右に左に目をやることなく、ただ一点にエネルギーを集中させ、ただ一点を目指して前進するのだ」

殉教した宣教師ジム・エリオットは、「どこにいても、その瞬間を全力で生きろ」と言っていた。しかし、同時に全体を見渡すことを忘れてはいけない。

自分の時間を誰と過ごすか、どのように使うか、全体を見失っていないか、それなりの成果が見込める仕事をしているか、常に注意を払うこと。

仕事もはかどらず、人の役にも立っていないような気がする時は、たいてい本来進むべき道から逸れてしまっている時である。

2. “焦点”が定まれば成功エネルギーが湧いてくる

何かを成し遂げようと思えば、まず目標を決めなければならない。自分自身の能力を伸ばす時も全く同じだ。集中できないと、焦点が定まらず、うろうろするばかりだ。手当たり次第に手を出すのは何もやらないのと同じで、自分のエネルギーも新しいチャンスも浪費することになる。

ところが、集中力があればエネルギーが生まれる。南極探検家でアメリカ海軍少将のリチャード・E・バードはこう言っている。

「一生の間に自分の内に秘めた力を使い果たす人など、まずいない。使われることのない力が奥底にまだたくさん眠っている」

能力が使われずに終わってしまう理由の一つは、集中力に欠けているからだ。焦点を絞り、目標を立てるだけで、素晴らしいことが起こる。ここで本当の魔法が生まれる。目標がはっきりした時点で初めて、心は成功に向かって動き出すのだ。

3. “一心不乱の努力”の前に道は拓ける

学者で教育者でもあるデイヴィッド・スター・ジョーダンは、「自分の行き先を知っている人を前に進ませるために、世界は道を譲ってくれる」と言った。

凡人だらけの世の中で、自分の目標をはっきりと意識し、その実現に全力を注いでいる人は際だって見えるものだ。

率直な物言いをする米国の作家ヘンリー・デイヴィッド・ソローはこう言っている。

「目標達成のために一心不乱に努力したのに、あまり成功できなかった人の話を聞いたことがあるだろうか」

自分に磨きをかけるべく努力すれば、たとえ目標は達成できなくとも、たとえ世界が道を譲ってくれなくとも、自分を高めることはできる。高みを目指して努力すれば、何らかの形でその効果が現われる。

4・焦点を絞ると視野が広がる

逆説的に聞こえるかもしれないが、一つのことに集中すると、視野が広がっていくものだ。

本当のことだ。

たとえば、ある車種の車を買おうかと考えていると、どこに行ってもその車種が目につくようになる。焦点を絞ると、逆に視野が広がるのだ。

ところが、焦点を絞らないまま視野を広げようとすると消耗するだけだ。

自分の器を大きくしたければ、焦点を絞らなければならない。

5．〝平凡な選手〟と〝スター選手〟の分岐点

集中力を維持するのは簡単なことではない。光が拡散しやすいように、人の集中力も長続きしにくい。集中力を維持するのは大変だが、それができれば素晴らしい結果を生む。

プロ野球の殿堂入りを果たしたハンク・アーロン選手は、「平凡な選手より集中力を少し長めに維持できる選手がスーパースターになれるのだと思う」と語った。メジャー・リーグの最多ホームラン記録保持者だったアーロンが、その生きた証《あかし》である。

数年前、私も自分のキャリアに生かすために、成功の定義を頭に叩きこんだ。

「成功とは、事前に設定した意義深い目標を順々に実現していくことである」

この定義で重要なのは、成功は一過性のものではなく、一つのプロセスだということだ。プロセスに時間がかかる場合は、集中力の維持が不可欠である。

集中力を維持できる人だけが、自分の能力を適切に伸ばし、次々と成功を収めることができる。

■■■「やるべきこと」に一点集中する8つの方策

このように、才能を一二〇パーセント生かしきるためには、集中力を味方につけなければならない。では、どのような心がけで生きれば、集中力を伸ばしていけるのだろうか。

1.「目的」と「方向性」をクリアにする

自分の能力を最大限に活用して、充実人生を生きたければ、意味のある行動をとること。つまり、明確な目標を持ち、どんな方法で達成するかを決める必要がある。

ルイス・キャロルの『不思議の国のアリス』の中で、チェシャ猫に道を尋ねるアリスのようになってはならないのだ。

「失礼ですが、私はここからどちらへまいりましたらいいでしょうか？」

「それは行きたい所しだいさ」と猫が申しました。

「私は別にどこへも——」とアリスが申しました。

「では、どちらへ行ってもかまわんさ」と猫が申しました。


（『不思議の国のアリス』岩崎民平訳）


自分が何をしたいのか、どこに行きたいのか。

心の定まらない人は、意志の力や才能を発揮する手だてもないまま、ただ流されていくばかりだ。

自分が本当は何をしたいのか、自分に問いかけてみたことがあるだろうか。どんなに実現させることがむずかしくても、どんな障害にぶつかっても、どんな逆境にあっても、目標を達成する強い意志はあるだろうか。

目標達成に向けて、一秒一秒、毎日毎日、適切な行動をとることこそが、「意志を持って行動すること」に他ならない。

ジョン・F・ケネディ大統領が言ったように、

「勇気と努力があっても、目的と方向性がなくては何も達成できない」

のだ。

2.「言い訳」は一切合切、捨て去る

ペンタゴンに勤務する将校のデスクに、こんな標語が置かれていた。

「極秘任務に従事しているので、自分が何をしているのか知らない」

もちろんこれはジョークだが、もし事実だったらとんでもないことだ。

「やるべきこと」に着手しない言い訳は、数え上げればきりがない。

時間がない。お金がない。誰も手伝ってくれない。問題がある。欠点がある。集中できない。

言い訳ばかりで、大切な目標が達成できなくなるようなことがあってはならない。

3.バック・ミラーに気をとられすぎるな

昨日のことにかまけて、今日を無駄にしてはいけない。

過去ばかり振り返っていて、未来が明るくなった人など聞いたことがない。昔をな

つかしがってばかりいると、そこから一歩も前に進めない。過去も大事だが、そこから学ぶべきことを学んだら、あとは忘れることだ。

重要なのは、言葉の使い方だ。

メジャー・リーグのカンザスシティ・アスレティックスの元監督アルビン・ダークは、よくこう言っていた。

「ピッチャーを交代させるのではなく、新しいピッチャーを投入するのだ」

「前のピッチャーを交代させる」という言葉は、その選手の失策——敬遠して出塁させたとか、ヒットを打たれたとか——を強調している。これでは試合に勝てない。

逆に「新しいピッチャーを投入する」と言えば、「試合に勝つこと」に主眼がおかれる。

ちょっとした違いだが、言葉一つで選手の試合に臨む姿勢を大きく変え、引いてはチームを勝利に導く。

『ガルシアへの手紙』の著者、エルバート・ハバートはこう書いている。

「記憶力がよいのはいいことだが、過去を忘れる術を心得ていることこそが、偉大さの証である。成功する人は決して過去にこだわらない。過去はもう変えられないことを知っているからだ。**度量の大きい人ほど忘れるのがうまい**。つまらないことに煩わされるような小さい人間ではないので、すぐ忘れてしまう。誰かが失敗しても、その理由を考慮し決して怒らない。復讐に燃えるのは、器の小さな人間だけだ。とにかく上手に忘れよう。ビジネスに限らず、成功するにも絶対必要なことだ」

目標に向けて努力するのは、車を運転するのに似ている。時折バック・ミラーをチェックするのも大切だが、後ろにばかり気をとられていては、前進できなくなるのだ。

4・コントロール可能な「今この瞬間」を生きる

過去にこだわらないようにするのと同様に、未来にこだわりすぎるのもよくない。明日のことばかり考えず、自分のコントロールがきく「今この瞬間」に注意を集中すべきだ。現在に集中すれば、未来は自ずと輝かしいものになる。

私は、「今この瞬間」に意識を集中させるために、毎日欠かさずやっていることがある。まず、人間として成長するための読書。自分の視野を広げるために人の話を聞くこと。自分の学んだことを実際に応用すること。学んだことを忘れないように書きとめること。そして、それを人に教えること。

ぜひ、この方法を試してほしい。過去は変えられないし、未来はそれほどあてにはならない。だが、「今この瞬間」に何をするべきかは自分で決められる。現在に焦点を合わせれば、大きな成果につながるはずだ。

5. いつも「最終ゴール」に気持ちをフォーカス

手がかかることや、やっかいなことに直面した時、最終的な目標や理念、得られる利益を見失うと、どうしてもやる気が減退する。やる気がなくなれば、注意散漫になり集中できなくなる。当然、よい結果は望めない。いつも「ゴール」に気持ちを集中すれば、やる気も湧き、前向きになれる。

また、つき合う人にも十分な注意が必要だ。五つのタイプに分類してみたが、夢に向かって努力している時はどんな人とつき合うべきか説明するまでもないだろう。


❍リフレッシャー……やる気を起こさせ、才能を伸ばしてくれる人

❍リファイナー……アイデアに磨きをかけ、ビジョンを明確にしてくれる人
❍リフレクター……自分のエネルギーをありのままの姿に反映させる人
❍リデューサー……理想や努力をこき下ろし、自分のレベルに合わせようとする人
❍リジェクター……才能を否定し、目標達成の邪魔をし、ビジョンをないがしろにする人

いつも「ゴール」に向かって努力していれば、他人から誉められても有頂天になったり、うわついた考えを持ったりせず、リデューサーやリジェクターの悪影響も、最小限に抑えることができるはずだ。

6. 〝何でも少しずつ〟では何もなしえない！

「二兎を追う者は一兎をも得ず」という諺があるが、多くの人がこれを地でいっているのは嘆かわしいことだ。注意力が散漫になり、能力を発揮できない。あまりに選択肢が多いことが原因かもしれない。

経営学の大御所ピーター・ドラッカーは、この現象についてこう語っている。

「経済的成功のカギは集中だ。昨今、『集中』という基本原則ほどないがしろにされているものは他にない。……『何でも少しずつ試してみよう』というモットーがあるとしか思えない」

自分の才能を伸ばしたいなら、集中力をつける必要がある。何かに専念するには、優先順位を明確にし、それを守ること。

7. 「短所」ではなく、「長所」に注目する

農場にするための土地を購入した夫婦がいた。肥沃《ひよく》な土地で、移住して農場を始めるのが待ちきれないほどだった。

ある晩、引越しの段取りを話し合ううちに、最初に何をするかで言い争いになった。妻はまず家を建てたがった。移住すれば、その土地が自分たちのわが家になるからだ。ところが、農場育ちの夫は家畜を住まわせる納屋を最初に建てたがった。

しばらく言い合いをした後、夫が最後にこう言った。

「最初に建てるのは納屋にしよう。納屋さえあれば、家も車庫もサイロも子どものブランコも、全部造るだけの資金ができる！」

優先順位をはっきりさせ、最優先事項に最初に着手すれば、残りは自然と順位が決まってくるものなのだ。

自分の長所ではなく短所にばかり注目している人は、小銭を両手一杯に抱えているようなものだ。金貨が少しあるが、残りは汚れた銅貨ばかりだ。高価な金貨は大事に取っておいて、あまり価値のない銅貨を実際より高価に見せようと、一所懸命磨くことに全力を注ぐ。

どんなに時間をかけて磨いても銅貨は銅貨のままで、金貨には到底及ばない。そんなことに時間を浪費してはいけない。

8・ご褒美《ほうび》は「やるべきこと」をやってから

長年私が実行してきたことの一つに、「ご褒美は、やるべきことやってからもらう」というのがある。子どもの頃、父から教わった「まず宿題をしてから、遊ぶ」という教訓が今でも生きている。ご褒美を先にもらってしまうと、集中力を失ってしまうのが人間の常というものだ。

意義のある人生を送る秘訣は、すべての行動を有意義なものにすることだ。それを心得ていれば、自然と進む方向が定まり、めぐってきたチャンスは見逃さず、持てる能力を余すところなく発揮して、悔いのない人生を送ることができる。

能力に恵まれ、気力も充実し、行動力もあるのに、これといった成果を上げられない人は、集中力のなさが問題である場合が多い。潜在能力を引き出し、自分の理想とする姿を実現するには、集中力が不可欠なのだ。

成功戦略5

「準備」して待つ

「運」を引き込む人は、いつでも用意周到

準備を怠れば、どんな結果が待っているか。

期待通りの結果が得られないのはもちろん、「起こってほしくないこと」が起こる可能性が極めて高い。

「準備をして待つ」ことは、成功のための絶対条件だ。

事前の準備を怠ればどうなるか、交渉のエキスパートに聞いてみるといい。トレーニングを怠ればどうなるか、スポーツ選手に聞いてみるといい。

待っているのは失敗か、敗北だ。

周到な準備があれば、持てる力を思いのままに発揮できる。そこが勝負の分かれ目である。

平時に汗をかいておけば、戦時に痛い思いをせずにすむ

華々しい成功の影には、地味な準備の作業がある。

綿密な下準備がなければ、どんなにきらめく才能も活かすことなどできない。

どんな場合も、十分な準備があってこそ、能力を最大限に発揮できるのだ。

軍隊経験のある人は、そのことをよく知っている。ダグラス・マッカーサー将軍は「周到な準備が成功と勝利のカギだ」と言っていた。

「平時に汗をかいておけば、戦時に痛い思いをせずにすむ」

というあからさまな言い方もしている。

もちろん、準備には時間がかかる。その時間をとられることにイライラしてしまう人も多い。しかし音楽家はたった三分の曲を演奏するために、練習に何時間も費やす。役者は二時間の芝居のために、何週間も練習にあけくれる。私が一時間弱のリーダーシップに関する講演の準備をする時も、八～十時間はかかる。

あっという間に終わってしまう本番に備えて何時間もかけて準備をするには、やはり自己鍛錬が必要だ。

アメリカ建国の父の一人であり、初代財務長官を務めたアレクサンダー・ハミルトンは、こう言っている。

「私のことを天才だと誉める人がいるが、そう言われるのには理由がある。それは、私はテーマが決まったら全力を注いで勉強するからだ」

ハミルトンは自分をよく律し、常に結果を出す人物だった。どんなに環境に恵まれ、資産が潤沢で、天賦の才能があったとしても、自分の頭で考え、人一倍努力しなければ、成功を手にすることはできない。ハミルトンはそのことをよく理解していた。あらゆる面において、将来に備えた準備に手ぬかりがあってはならないのだ。

■■■“スタンバイOKな人”にチャンスがめぐってくる不思議

自動車王ヘンリー・フォードは、「何よりもまず準備することが成功の秘訣だ」と考えていた。また、準備の大切さと、準備のあるなしが周囲にどのような影響を与えるかを熟知していた。

1・準備に「一分」使えば、「十分」という時間を節約できる

この本の執筆中に、グアテマラ、エルサルバドル、ホンジュラス、パナマ、ベネズエラ、ボリビア、ペルーの首脳と会って、リーダーシップについて話をする機会があった。

十日以上も家を空けなければならなかったので、出張中も執筆を続けられるように、出発前に丸一日かけて資料を用意した。章ごとのアウトラインをチェックし、最初の数章のテーマについて考え、引用する文章やその他の資料をファイルから抜き出して荷物に入れた。もちろん原稿用紙もたくさん持参した。

また、前書きは書き終わっていたので、一緒に行く優秀なリーダーたちや学者の意見も聞きたかった。前書きをコピーして全員に配り、何か提案や批判があれば、ぜひ教えてほしいと頼んだ。飛行機に乗っている時間が長かったので、その間はほとんど持参した資料の検討と執筆に費やした。

出張も終わりに近づき、帰りの飛行機の中で同行者の一人が私にこう言った。

「この旅で重要な教訓を学んだ。やりたいことがはっきりしているあなたは、旅行中の時間を最大限に活用できるように下準備をしっかりしてきた。同行した私たちが読書したり、おしゃべりしたりしている間に、あなたはひたすら執筆した。二章分のアウトラインを書いた上に、みんなから意見や批評を聞き出すなんてすごい」

事前に下準備していたからこそ、それだけのことができたのだ。私は彼にこう答えた。

「準備に一分使えば、十分という時間を節約できるということに気づいたからだよ」

事前の準備に丸一日使ったからこそ、出張中の十日間を有意義に使えたということだ。むずかしいことではない。事前に計画さえ立てておけばいいのだ。出発前に私は自分にいくつか簡単な質問をしてみた。

- どんな仕事をする予定か
- どのようにしてするか
- いつするか
- どこでするか
- どれぐらいかかるか
- 仕事をするのに何が必要か

この六つの質問に答えることで、何をすべきかがはっきりする。事前に準備を整えておけば、能力を最大限に発揮する素地はできたことになる。

2．「いつでもスタンバイ」の気構えを！

現代はスピードが求められる。問題があれば、すぐさま解決策が考えられる。しかし準備となると、そう簡単にはいかない。それは本人の問題だからだ。

ＵＣＬＡ（カリフォルニア大学ロサンゼルス校）のカレッジ・バスケットボールの伝説的なコーチ、ジョン・ウッデンは「チームを強くするには、まず自分を向上させることから始めろ」と言っている。これはウッデンが幼かった頃に父からいつも言われていたことでもある。

「他の子よりうまくなろうとするな。常に最高の自分になるための努力を続けよ」

このアドバイスは、バスケットボールだけでなく、育児や仕事にもあてはまる。

私はこれまで二十年以上もの間、三百種類以上のリーダーシップに関する講義を行なってきた。なぜ、続けてこられたかといえば、絶えず自分の心を磨き、知識を蓄積し続けたからに他ならない。毎日の読書で印象に残った言葉や逸話、考えのヒントを書きとめ、ファイルする。毎月一回、ファイルした資料を読み返す。書きとめたメモや資料から得た教訓をまとめて、毎年、本を書く。

私が多くの本を執筆し続けられる秘密は、こうした準備を継続して行なっているからなのだ。「いつでもスタンバイ」の気構えが成果を生み出す源泉なのである。

3．準備万端の人に〝チャンス〟が集まる

チャンスがめぐってきた時に、すかさずそれを捕まえられる人は、いつも準備万端、ぬかりがない。チャンスが来てから、あたふたするのでは遅すぎるのだ。

精力的に活躍している人は、チャンスがめぐってきた時に例外なく準備ができている。

リンカーン大統領は、

「準備ができていれば、必ずチャンスはめぐってくる」

と言っているし、英国の名宰相ディズレーリは、

「人生で成功する秘訣は、チャンスがめぐってきた時に準備ができているかどうかだ」

と言った。

また、アメリカで最も高い人気を誇るトーク番組の司会を務めるオプラ・ウィンフ

リーは、

「準備万端の人にチャンスが訪れることを幸運と呼ぶ」

と断言しているし、ジョン・F・ケネディ大統領は、

「晴れている時こそ屋根を修理するべきだ」

と助言をしている。

自分にはチャンスがめぐってこないと思っている人が多いが、実際はチャンスがめぐってきても、捕まえる準備ができていなかっただけのことだ。

4．〝想定外の状況〟でも動じない「備え」があるか

最近、フロリダ州オーランドで講演をした際に、元ニューヨーク市長のルドルフ・ジュリアーニ夫妻と食事を共にする機会があった。元市長はとても人なつこく、話しやすい人だった。もちろん私は、二〇〇一年九月十一日の同時多発テロについて市長に尋ねた。

リーダーは常にあらゆるリスクを想定しておくべきだが、九・一一のように、全く想定外な状況の中で行動を起こし、決断する必要に迫られることもある。

そして、九・一一の時は、非常事態に備えての避難訓練が役に立ったと話してくれた。

私は、

「もし木を切り倒すのに八時間かかるなら、そのうちの六時間をかけて斧《おの》を研ぐ」

というリンカーンの言葉が好きだ。若い頃、鉄道の枕木をつくる仕事をしていたリンカーンは、斧の刃は切れ味鋭くなければならないことをよく知っていた。

木を切り倒すのも、司法試験に向けて独学するのも、一国の指導者になるのも、すべて準備なくしてはできないことだ。

しかし、どんなに周到に準備を進めても、行動が伴わなければ意味がない。

セントルイスにあるワシントン大学の元学長ウィリアム・ダンフォースは、

「実行されない計画は、それを印刷する紙ほどの価値もない」

と言った。

もちろん、準備といっても、あらゆる事実に精通している必要もないし、すべての答えを知っている必要もない。

忘れてはならないのは「行動を起こすための準備が大切」ということだ。

天才たちの〝見えない努力〟を知れ

すぐれたアスリートほど、「準備の大切さ」を必ず口にする。

テニス選手のアーサー・アッシュは、「成功するのに最も重要なのは自信を持つことだ。自信を持つには日頃の準備が欠かせない」と言っているし、アメリカンフットボールのクォーターバック、ジョー・ネイマスは、「任された仕事をこなせるという自信がつくまで、ひたすら練習するだけだ」と言っている。

自分の能力と可能性を最大限に発揮するために「準備して待つ」ことは、避けて通ることはできない。

準備には長い時間がかかることが多い。学校に通わなければならないこともある。すぐれたメンターを見つける必要があるかもしれない。安全圏から足を踏み出すことになるかもしれない。それとも、今ある技術に磨きをかけるだけですむかもしれない。

何はともあれ、チャンスがめぐってきた時に、それをつかむために、常に準備を整えておくこと。

「一生に一度のチャンス」は、そうそうやって来ないのだから。

成功戦略6

「練習」を怠らない

「自己最高記録」は「プラスα」から生まれる！

成功する人は、常に練習を怠らない。

あなたも人並み以上の成功を収めようと思うなら、人より「ちょっとだけ余分に」練習することだ。

「やるべきこと」をすべてやった上で、さらに「プラスα」の努力ができる人が成功をつかむ。

たとえばチャールズ・ディケンズと聞くと、英文学の推薦図書リストに載るような、やたら長くて古めかしい小説を思い浮かべる人が多い。

しかし十九世紀の当時、ディケンズの作品は、現代のテレビや映画の大ヒット作に匹敵するほどの人気を博していた。そして、ディケンズ自身が現代の映画スターにも匹敵する人気をほしいままにしていたのである。

三十五年の作家生活で、ディケンズは十数編の長編小説（そのうちのいくつかは名作と言われている）を書き下ろし、数冊の旅行記を出版し、多くのクリスマス物語を執筆した。

また執筆の傍ら、さまざまな月刊誌の編集にも携わり、各地に足を運んで自作の朗読も行なった。

ディケンズは英国史上最も人気のある作家と言えるだろう。

だが、彼ほど才能に恵まれていても、最初からトップに君臨していたわけではない。不遇な少年時代を過ごし、工場労働者、弁護士事務所の事務員、新聞記者と職を転々としながら、常に本を読みあさり、短編小説を書き続け、才能を磨く努力を怠らなかった。

どんな天才も、本領を発揮できるようになるまでには、気の遠くなるような練習を積み重ねているのだ。

必ず「昨日の自分」を追い越せ！

才能豊かな人には「伝説」がつきものだ。いわく、「生まれつき素晴らしい才能に恵まれていた」。

だが実際は、「才能をいかんなく発揮したい」という意志を持ち、練習に練習を重ねて、初めて才能が世に認められるのだ。

才能を発揮する環境を整えるには、前章で取り上げた「準備」が必要、才能に磨きをかけるには、一にも二にも「練習」というわけだ。

そこで、「練習」について知っておくべき三つのことを次に書いてみる。

1．練習すれば〝自己最高記録〟を更新できる

自分を成長させ、進歩させるには、練習あるのみだ。練習によって今ある技術を磨き、さらに新しい技術を身につけられる。

「現時点の自分」と「理想の自分」の間の張力が、人を前進させるのだ。

元プロバスケットボール選手で、米国上院議員を務めるビル・ブラッドリーから聞いた話だが、十五歳の夏に参加したバスケットボール・キャンプで、プロのスター選手だった〝イージー〟・エド・マッコーリーからこう言われたそうだ。

「今いい加減にプレーしている奴は、今もどこかに必ず全力で努力している同レベルの選手がいることを覚えておけ。将来そいつと対戦する日が来たら、絶対お前の負けだぞ」

自分の能力を向上させたいと思ったら、練習が欠かせない。**練習してこそ、昨日の**

自分を追い越し、自己最高記録を更新できるのだ。

2.「小さな進歩」が「大きな差」につながる！

目標に向けて自身の技量、スキルを上げるべく練習を重ねていくと、貴重な知見を得ることも多い。また、意欲も高まり、行動にも変化が現われる。

コンサルタントのハービー・マッキーは、「すぐれたリーダーは、完璧な行動などあり得ないことを理解している。どんな行動にも必ず改善の余地があるはずだ」と言っているが、練習をしていれば、必ず「改善の余地」が見つかるものだ。

自己啓発書の作家として著名なデール・カーネギーは、

「一見小さなことに全力で取り組むことを恐れるな。小さなことを一つやり遂げるたびに人間は成長する。**小さなことをきちんとこなしていけば、大きなことは後からついてくる**」

とアドバイスしている。

水泳コーチのダニエル・F・シャブリスによれば、すぐれた運動選手ほど細かいことに気を配り、細かいことを繰り返し練習するという。

「練習であれ、競技会であれ、水泳は水泳だ。一年のうち三百六十四日はいい加減に泳いでいて、競技会の日だけ身を引き締めて、普段よりうまく泳ごうとしたところで、それはできない相談だ」

練習していると、上達が止まり、なかなか成果が上がらないと嘆くこともあるだろう。

しかし**練習を重ねた末に得られた「小さな進歩」が「大きな差」につながる**のだ。オリンピックで金メダリストと四位以下の選手の差は、わずか百分の何秒かしかないこともよくあるではないか。

たしかに、練習と聞くと地味でつまらないものだと思う人が多いが、練習を楽しいものにするには、とにかく**練習こそ新しい発見と進歩の場**と心得るべきだ。

3. 成果の八〇%が〝精神力〟で決まる

「練習は単調でつまらない」と思ってしまうのは、**練習には自制心、つまり強い精神力が必要とされる**からだ。

プロフットボール選手権で優勝経験もあるコロラド・バッファローズの元監督、ビル・マッカートニーも、よく「精神の鍛錬と肉体の鍛錬の比重は四対一」と言っていた。

自制心を身につけるのは、なかなか大変なことだ。お手軽に自制心が身につく方法はなく、才能や能力があっても自制心があるとは限らない。それに、いざとなれば自制心を発揮できるということでもない。

自制心は努力することで初めて身につく心の習慣なのだ。

アリストテレスの言葉を紹介しよう。

「美徳や卓越性があるから正しい行動がとれるのではなく、正しい行動をとるから美徳や卓越性が身につくのだ。繰り返して行なう行動が、その人の人となりを表わす。つまり卓越性とは、一つの行動ではなく、習慣である」

■■■ 効果絶大！　潜在能力を引き出す「4つの柱」

では、効果的に練習するためのコツは何だろうか。その四本の柱について書いていくことにする。

第1の柱――「優秀な教師またはコーチ」に指導を仰ぐ

能力を最大限に活かすための練習ができる人は、必ず優秀な指導者の下で訓練を受けている。

優秀なコーチは選手の意欲をかき立てる。優秀な教師はさらに一歩進めて、一人ひとりの生徒に合わせて教え方を変える。

また、優秀なコーチや教師、リーダーは、各人の長所と短所をよく知っている。直感と創造性に富む右脳タイプか、分析的な左脳タイプかを見極める。また、視覚、あるいは体感を通して学ぶタイプかも承知している。誉められて伸びるタイプか、怒られて伸びるタイプかの判断もできる。

あなたも「これは」と見込んだ教師・コーチとの関係を大切にすることだ。

第2の柱――「最善の努力」を惜しまない

実業家アンドリュー・カーネギーは、「自分で努力する気のない人を助けようとしても無駄だ。はしごを自分で上ろうとしない人を無理に押し上げることはできない」と言った。

一所懸命に努力しない人が、どんどん腕を上げ、才能を開花させることなどあり得ない。だからこそ、作曲家で、自らオーケストラを率いていたデューク・エリントンは、メンバーに対して「最高の演奏をする」ことだけを要求した。自分に厳しく、努力を惜しまないエリントンは、人にも同じことを要求したのだ。

第3の柱――「明確な目的」を持つ

練習する時には「明確な目的」を持つことだ。特に表面的な成功ではなく、真の成功、つまり「卓越性」を追求し、その実現に全力で取り組まなければならない。

ウィロークリーク教会の創設者ビル・ハイベルズは、「全力を出しきった時、多くの人は最高の気分になれる」と言う。

卓越性を目指し、ひたむきに練習することで、何とも言えない充実感で心が満たされるだろう。

第4の柱――「得意分野」にエネルギーを傾ける

同じチームに所属する二人の選手が、同じコーチから指導を受け、同じ目標に同じぐらいの集中力と努力で取り組んでも、出てくる結果は全く違っている。実際には、同じ練習をしたからといって同じ結果が出るわけではない。

数年前にファストフードチェーン、チック・フィラの従業員にリーダーシップについて講演をした時、未来のリーダーの育て方について質問を受けた。

私が「リーダーの素質がある人を見つけることだ」と即答したところ、ふざけていると思われたようだった。だが私が言いたかったのは、「一番素質のある人を見つけて訓練するほうが簡単だ」ということだ。

チャールズ・ディケンズが作家になろうと考え始めたのは、すでにイギリス一の新聞記者になってからだった。記者をそのまま続けたとしても、きっとそれなりに成功したはずだ。

だが、心のどこかで記者の仕事より得意な分野があることをきっと知っていたのだろう。そこで彼は最も得意なことを見つけるために、あえて別の分野に目を向けた。

われわれもディケンズを見習うべきだ。一番得意なことがわかったら、すぐ練習を始めよう。そうしないと、上達しないどころか、持って生まれた力もどんどん失われてしまう。

潜在能力は、貯金と全く反対の動きをする。

預金口座に入れた現金は、利息がついて増えていく。ところが潜在能力は何もせずにほったらかしておくと徐々に失われていく。使わない能力は先細りになっていくのだ。

自分の能力を最大限に発揮するには、得意とする分野で高い目標を掲げることだ。

他人から与えられた目標が自分自身で設定した目標より高いなら、まだ自分の能力を最大限に発揮していないということだ。

他人より頭一つ抜け出るこのやり方

才能に磨きをかけるために効果的な練習をするには、もう一つ秘訣がある。それを知っていれば、その他大勢から抜け出すことができる。本書で紹介した才人はみな、この秘訣を実践していた。

それは「プラスα」という言葉で言い表わすことができる。

1．プラスαの「努力」

歴史研究家で、コーネル大学やウィスコンシン大学の学長を歴任したチャールズ・ケンドール・アダムズはこんな言葉を残している。

「やらなければならないことだけをやって成功を手にした人はいない。**偉大な業績を上げられるかどうかは、求められる水準をどれだけ超えられるか**にかかっている」

平凡と非凡を分けるのは、まさにこの水準を超えるための「プラスαの努力」ができるかどうかだ。

ちょっと余分に努力できる人は、人より優位に立つことができる。

プライメリカファイナンシャルサービス社の創立者アート・ウィリアムズは言う。

「一所懸命働けば、アメリカの人口の半分に勝つことができる。まじめで正直に、信念を持って生きれば、残りの四割にも負けることはない。最後の一割を打ち負かすには、自由競争の泥沼で勝ち抜かなければならない」

この競争の泥沼で勝ち抜くためにこそ、プラスαの努力が求められるのだ。

2.プラスαの「時間」

成功する人は、成功できない人より長い時間をかけて、一所懸命に練習する。成功のエキスパート、ピーター・ロウは、さまざまな分野でトップに上り詰めた数百人に「成功の秘訣」について話を聞き、こう結論づけている。

「途中で投げ出したくなっても決して屈しないのが、成功した人に共通した傾向だ」

プラスαの努力を続けるには、長期的展望を持つことだ。すぐに結果が出なくても焦らず、忍耐強く前進し続けることだ。

3.プラスαの「手助け」

何事においても成功を収めている人は、例外なく人の手を借りている。

私がこの仕事を始めてから現在に至るまで、幸いなことに、私にはいつも助けの手を差し伸べてくれる人がいた。

まだ駆け出しだった七〇年代に、この業界で十本の指に入るリーダーの人と連絡をとり、百ドルで三十分のインタビューをさせてほしいと頼んだところ、ほとんどの人が快く応じてくれた。そして、まだ貧乏だった私にとって幸いだったのは、謝礼を受け取ろうとしない人も多かったことだ。今でも私は、有能なリーダーと直接会って教えを請うことにしている。

自分が今までどれだけ人に助けられてきたかを考え、謙虚さを忘れないこと。アドバイスしてくれる人、チャンスを与えてくれる人、そして愛情を注いでくれる人に、いつも感謝の気持ちを忘れないことだ。

4. プラスαの「変化」

練習を積んで自分の才能に磨きをかけるには、変化を受け入れるだけではなく、自ら進んで変化を追い求める姿勢が必要だ。よりよい自分に変わるためのポイントをあげておこう。

- 問題を「避ける」ためではなく、「解決する」ために変わる
- 自分の置かれた状況を変えるのではなく、状況を変えるために自分を変える
- 結果を変えたければ、まず自分の行動を変える。同じことを繰り返しながら、違う結果を期待しないこと

❍解決のめどが立つまで待つのではなく、何かおかしいと思ったらすぐに変える
❍「変わるのはつらい」ではなく、「変わればいいことがある」と考える
❍変化という犠牲を払うのを避けてはならない。変わるのを拒むことこそ大きな犠牲を強いられる

詩人で哲学者のフリードリヒ・フォン・シラーは、
「できる時に最善の努力をしてきた人は、どんな時でも生きられる」
と記した。常に前向きに変化を追い求めていなければ、能力を最大限に発揮することはできない。

自分の能力を磨くため一所懸命に練習してきたのに、成果が現われてきたからといって練習をやめないでほしい。

可能性にはこれで終わりということがない。われわれにできるのは、可能性を最大限に引き出すために努力し続けることだけだ。つまり練習には終わりがないのだ。

ウィリアム・ジョンソンは、自分が所有するリッツ・カールトン・ホテルがマルコ

ム・ボールドリッジ経営品質賞の栄誉に輝いたことを喜んだ。友人のチャールズ・スウィンドル牧師から祝福されると、この受賞は皆さんのおかげであり、これからもこの名誉ある賞に恥じないよう、一層の努力を重ねるつもりだと答えた。

彼の仕事に対する考え方は、

「品質とはゴールラインのないレースのようなものだ」

というものだった。

卓越性を追求しないでいると、月並みなもので満足するようになる。あとは平凡な人生があなたを待っている。

絶えず効果的な練習あるのみなのである。

成功戦略7

「忍耐力」をつける

「最後までやり抜く人」の心の持ち方

才能は成功の可能性を示してくれるが、ものごとを最後までやり抜く忍耐力があれば成功は確実になる。劇作家ノエル・カワードは、「才能に恵まれた人はいくらでもいる。才能があってよかったと言うのは、目玉がついていてよかったと言うのと同じことだ。大事なのはただ一つ、『忍耐力があるかどうか』だ」と言っている。

■■■「何があっても戦いには勝つ」――自分に決意表明せよ！

どんなに才能に恵まれていても、忍耐強くなければ成功などできない。第一次世界大戦の撃墜王エディ・リッケンバッカーは、「成功の秘訣を簡単な言葉で言い表わすなら、考え抜き、やり抜くことだ」と言った。

「考え抜く人」は多いが、「やり抜く人」は少ない。

才能を開花させ成功を手にしたいなら、忍耐について知っておくべきことがある。

1.「固い決意」が成功を引き寄せる

プロフットボールチームのグリーンベイ・パッカーズのコーチ、ヴィンス・ロンバ

ルディは、

「成功する選手としない選手の違いは、体力や知識の差ではなく、決意が本物かどうかだ」

と言った。偉大な記録を残す選手は、決して自分の優秀さにうぬぼれず、「絶対成功する」という固い決意のもと努力を重ねる。

いつの時代も、成功者は必ず固い決意を持っている。

第二次ポエニ戦争でローマ軍と戦ったカルタゴの闘将ハンニバルは、「道がなければ、道をつくればいい」と考えていた。ローマ軍に奇襲攻撃をしかけるためにアルプス山脈を越えたのも、この言葉を実践したからに他ならない。

才能を活かして成功する人も、ハンニバルに負けず劣らず固い決意を持っている。

ウエスト・ポイント・ペパレル社の元会長のジョセフ・レイニアは言う。

「何があっても戦いには勝つと心に決めている。地獄が凍りつくまで戦い続けるつもりだ。必要とあらば、氷の上で戦うだろう」

ここまで堅固な決意があれば、仕事でも会社の経営でも成功しないわけがない。

2. 人生は「短距離レースの連続」だ

「人生はマラソンだ」と言われることがある。最初にこの言葉を使った人は、どんなにつらくてもあきらめず、頑張って生きろとみんなを励ましたかったに違いない。

しかし私が思うに、これは必ずしも適切な表現とは言えない。

人生は長距離レースではない。本当は短距離レースがいくつも連続しているのだ。

探検家クリストファー・コロンブスは、アジアへの航路を探し求めて西へと航海を続け、数々の苦難に遭遇した。激しい嵐に巻き込まれ、飢えと物資不足にあえぎ、失意のどん底にいた。乗組員は反乱を起こす一歩手前まで来ていた。

だが、コロンブスは決してあきらめなかった。コロンブスの航海日誌には、来る日も来る日も同じ一文が記されていた。

「今日も航海を続けた」

最後には、コロンブスのこの忍耐力が大きな実を結んだ。スパイスを手に入れるためのインドへの新しい航路を発見することはできなかったが、代わりに新大陸を発見した。

短距離レースに勝ち続けること。それがすべてのカギを握っている。

3. あきらめたら「最初から参加しなかった」のと同じ

ある会社で、営業担当者二千人を集めたミーティングで営業本部長が話をした時のことだ。大声で全員にこう問いかけた。

「ライト兄弟は途中であきらめたか」

社員たちは叫んだ。

「ノー！」

「チャールズ・リンドバーグは途中であきらめたか」

「ノー！」

「ランス・アームストロングは途中であきらめたか」

「ノー！」

そして四回目に、「ソーンダイク・マケスターは途中であきらめたか」と叫んだ。

すると社員たちは明らかに困惑の色を見せて黙り込んでしまった。一人が立ち上がって、「ソーンダイク・マケスターとはいったい誰ですか。そんな人、聞いたこともありません」と尋ねた。

営業部長は答えた。

「知らなくて当然だ。途中であきらめた奴だからな」


途中であきらめたにもかかわらず、大きな成功を手にした人がいるだろうか。途中で仕事を放り出したにもかかわらず、多額の報酬を得た人がいるだろうか。

ウォルト・ディズニーは、実に三百一もの銀行から融資を断られたという。この時の融資で建設したディズニーランドは、歴史上最も有名な遊園地になった。


「よくある失敗は、成功まであと一歩というところで、そうとは知らずあきらめてしまうことだ」


これは発明家トーマス・エジソンの言葉だが、何事も最後の一歩が一番大事なのだ。

ゴール直前のラストスパートで勝者が決まることもよくある。一所懸命走ってきたのに、ゴールの一歩手前であきらめたら、最初からレースに参加しなかったのと同じことになってしまうのだ。

4・逆境を乗り越える喜びを知れ

人生の試練やストレスに直面した時こそ、その人の真価が問われる。逆境に遭遇するとあきらめてしまう人がほとんどだが、中にはそれを克服する人もいる。

彼らは試練を克服することが、自分の血肉になることを知っている。逆境を乗り越えた向こう側に最高の喜びがあることを知っているのだ。逆境を克服した後には甘美な喜びがあるのだ。

たまたま見つけたハワード・グッドマン牧師の詩が、この考え方をうまく表現しているので、その一部を紹介しよう。

いくつもの決してかなうことのない夢を見た
その夢は夜明けと共に消えていった
それでも実現した夢もたくさんあった
おかげで今も夢を見続けている

聞き届けられない祈りがたくさんあった

じっと辛抱強く待ち続けたのに
それでも聞き届けられた祈りもたくさんあった
おかげで今も祈り続けている

道端にたくさんの種をまいた
それを小鳥たちが食べてしまった
それでもたくさんの実りがあった
おかげで今も種をまき続けている

何人もの友達に信頼を裏切られた
人知れず涙した
それでも真の友達もたくさんいた
おかげで今も人を信じている

失意と苦痛の海で溺れそうになった

何日も歌うことを忘れた
それでも人生を満喫したこともある
おかげでこれからも生きていこうと思う

困難に直面した時にあきらめては、後になって自責の念に駆られる。決してあきらめずに困難を克服してこそ人間的に成長できる。

5. 〝壁〟のすぐ後ろに「成功」は待っている

成功哲学の祖とも言われるナポレオン・ヒルは、「成功者は、自分の考えはうまくいかないと確信したそのすぐ後にこそ、成功が待ちかまえていることを知っている」と言う。

どうすれば、自分の壁を突破できるのか。限界を超えて前進するにはどうすればいいのか。一度限りの成功で終わらせないためには、何が必要か。

それには、成功するにふさわしいこと（たとえば一所懸命働く、他人に敬意をはらう、新しいことを学ぶ、成長する）を毎日続け、自分に投資するしかない。

価値あることを成し遂げるための近道はないのだ。

6.「疲れてきた」時にこそ、あと一息頑張る

元外交官で大統領自由勲章を受章したロバート・ストラウスは言う。

「成功はゴリラとレスリングをするようなものだ。自分が疲れたからやめるのではなく、ゴリラが疲れた時にやめるものだ」

考えてみると、**疲れてきた時にこそ忍耐力が必要となる。**まだやる気も元気もあるうちは、精力的に任務に取り組むことができるし、やっていて面白い。疲れてきた時にこそ必要になるのが我慢強さだ。

成功する人にとって、疲労や失望はそれまでやってきたことを放り出す根拠にはならない。かえって、「ここが正念場」とばかりに一層力を振り絞る。

多くの人は、成功するために払うべき代償を実際より軽く考えてしまう。

啓蒙主義の政治哲学者モンテスキューは、「どれだけ時間がかかるかを知っているかどうかで、ものごとの成否が決まることが多い」と断言している。

成功するのがどれだけ大変か考えもしないのは、興味本位にものごとに取り組むのと同じである。そんなことでは成功は望めない。

7. 一つの勝利の陰には、多くの試行錯誤がある

一つの勝利の陰には、多くの試行錯誤があるものだが、忍耐とは単に試行錯誤を繰り返すことでも、ガムシャラに努力することでもない。

忍耐とはある種の投資である。一つのアイデアや仕事を完成させるまで、感情、知識、肉体、精神のすべてを総動員して、とことん努力することなのだ。

忍耐力を身につけるのは容易ではないが、ありがたいことにそのための努力は必ず報われるだろう。

■■■ 今すぐ排除勧告！ 5つのネガティブ・マインド

フランスの細菌学者ルイ・パスツールは、「私が目標を達成できた秘訣を教えよう。こうと決めたら絶対あきらめない頑固さだ」と言った。

けれども、疲れ果て、失意のどん底にある時には、どうしても忍耐強くなれないものだ。

しかし、次に挙げる「忍耐力を損なう五つの大きな敵」を排除すれば、努力を続けていくことができる。

1．あきらめグセ

やっていたことを途中で投げ出すような人が、成功を期待するのは無理な話だ。科学者L・G・エリオットのアドバイスはこうだ。

「優柔不断な人はまず成功しないし、同僚から尊敬されることもない。成功する人は決心するまで非常に慎重だが、一度決心すると粘り強く、断固たる決意を持って努力する」

成功したいなら、辛抱強く、首尾一貫した行動をとらなければならない。**忍耐を伴わない才能は、決して成果を生むことはない。**

忍耐力がなければ、チャンスがめぐってきても、ものにできない。忍耐力と潜在能力の間には直接的な相関関係がある。もし〝あきらめグセ〟があるなら、それを治してからでないと成功できないだろう。

2.「楽して生きたい」という気持ち

何をするにしても、**過剰な期待を抱かないことは成功の秘訣**である。

スクラントン大学教授で精神科医のジョン・C・ノークロスは、目標達成の心理を研究し、目標を達成する人としない人では、明らかな違いがあることを発見した。

それは「期待の持ち方」である。

まず被験者を二つのグループに分け、どちらも目的に向かって努力する間、最初の一カ月に経験する失敗の量は同じにする。

成功者のグループは、すぐに成功するとは期待していないので、失敗をきっかけにさらに気持ちを引き締め、決意も新たに頑張ろうとする。

ところが失敗者グループは、「うまくいかないのは自分が目標に達成できない証拠」だと解釈して、すぐにあきらめてしまう。

努力すれば、すぐにうまくいく――そんな過剰な期待は禁物だ。

3. 成功体験と自己満足

ＮＢＡ（全米プロバスケットボール協会）の伝説の監督パット・ライリーは、著書の中で、こう述べている。

「一度勝利を経験した選手やチームが、本当の強さを発揮するために最後に飛び越えなければならないハードルは、自己満足である。自己満足は成功につきものの病気だ。この病気の原因は、自分の能力を過信し、達成感に酔いしれることだ」

皮肉な話だが、**過去の成功こそが、未来の成功を阻む最大の敵**なのだ。

成功を究極の目的と見なすと、成功したとたんにお祭り騒ぎに興じて、やる気をなくす人が多い。もちろん、お祝いするのも休養をとるのも一向に構わない。ただしその後は、過去の成功は忘れ、また新たなチャンスを追いかけることだ。

「自分は成功した」と思うこと自体が問題の始まりだ。

「もう働かなくてもいい、もう前に進まなくていい」と思ったとたんに後退が始まる。

4. "心の復元力"不足

ハーバード大学心理学教授のジョージ・Ｅ・ベイラントは、人間が一生の間に経験するさまざまな変化を乗り越えていくための資質として、復元力を挙げている。

「挫折から立ち直る復元力のある人は、たとえて言えば弾力性に富む緑の若木だ。たとえとんでもない力でねじ曲げられても、すぐに元に戻って成長し続ける」

どんな困難をも乗り越え、持てる力を最大限に活用したいと思うなら、この若木のような復元力を持たなければならない。潤いを失って、もろく、折れやすい老木になってはならない。

元NBA選手で、監督、幹部を務めた経験もあるジェリー・ウェストが残した言葉を覚えておいてほしい。


「気分のいい日にだけ頑張るのでは、大した成果は期待できない」

5．ビジョンの欠如

どんなことでも人間の手によって生み出されるものは、実は二度創造されている。最初は頭の中にイメージとして生まれ、次にそれが物理的に形を成すようになる。そして、イメージは「ビジョン」から生まれる。

ビジョンの欠如している人は、ちょっとした壁にぶつかると、すぐに目標をあきらめてしまう。

その逆に忍耐強い人は、将来の見通し、すなわち「ビジョン」をしっかり持っている。そして自分の技術に磨きをかけ、与えられた仕事に精を出す。

心の目には自分の創造したいもの、やりたいことがしっかりと見えているので、苦しくても努力を続けていけるのだ。

不動の心を手に入れる「3つのステップ」

忍耐力を損なう五つの敵を理解したら、才能を開花させるために、以下のステップを実行すること。

1．「目的意識」を持つ

「目的意識」なしに忍耐強く何かに取り組むのは、非常にむずかしい。逆に言えば、情熱を持って追い求めている目的があれば、エネルギーがあふれてきて、障害をものともせずやり遂げることができる。

2.「言い訳」をしない

成功し続ける人と成功しない人、あるいは一時的な成功しか手に入れられない人を分けるのは、自分の行動に責任が持てるかどうかだ。

「失敗」を成功に変えるより、「言い訳」を成功に変えるほうがずっとむずかしい。

才能を最大限に引き出し、それを維持したいなら、たとえ最高の結果を出せずに終わっても、決して言い訳してはいけない。

「失敗の九九パーセントは、言い訳ばかりしていることが原因だ」

ジョージ・ワシントン・カーバーの言葉を忘れてはならない。

3.「スタミナ」をつける

「ザ・グレーテスト」と呼ばれた、ボクシング元世界ヘビー級チャンピオンのモハメド・アリは言う。

「チャンピオンはジムでつくられるのではない。もっと心の奥深いところにある勝利への欲望、夢、ビジョンによってつくられるのだ。最後まで踏ん張れるスタミナ、相手より素早い動き、そして技術と強い意志がなければならない。しかし技術よりも意志の強さのほうがもっと重要だ」

成功を手に入れ、しかも成功し続ける人は誰でもスタミナを持っている。スタミナは忍耐強くなるために不可欠な要素である。どんなに才能豊かな人であっても、忍耐力がなければ一時的な成功しか手中にできないのだ。

成功戦略8

「勇気」を持って臨む

「小さなこと」から大きな変化を起こす

才能を開花させる八つめの条件は「勇気」である。

大学教授、作家そしてキリスト教擁護者であるC・S・ルイスは、「勇気は美徳の一つではなく、あらゆる美徳が試される場なのだ」と述べた。勇気なくして意義ある偉業は達成できない。勇気を持って生きる人は、後悔のない人生を送ることができる。

■■■どこまで果敢に〝攻めの姿勢〟を貫けるか

勇気を持って果敢に生きた人物として、まず頭に思い浮かぶのがウィンストン・チャーチルだ。若い頃のチャーチルは、自分はいつか必ず偉くなると信じていた。全寮制のハーロー校に在学中の十六歳の頃、チャーチルは大胆にも友人にこう語っている。「世界は今のところ何とか平和を保っているが、やがて社会が激変して、想像を絶する大戦が起こり、国民は苦境に追い込まれる。ロンドンが攻撃され、危険にさらされる。その時僕は、ロンドンを守るべく人々の先頭に立っているだろう。首都ロンドンを守り、大英帝国を守るのは、僕の責務だ」

この予言は、恐ろしく的確だった。

ナチス・ドイツがヨーロッパ全域を侵略した後も、チャーチルが率いる英国だけは二年間にわたって頑として抵抗し続けた。ドイツ軍の度重なるロンドン空襲と、ドイツ軍がいつ上陸してくるかという恐怖と戦いながら、チャーチルはヒトラーを公然と批判し、英国民の士気を鼓舞し続けた。

チャーチルの人気は、それまで何年も低迷を続けていたが、そんな絶望的な時代に、チャーチルが首相に選ばれたのはなぜか。英国をリードする勇気をチャーチルが持ちあわせていると国民が信じたのはなぜか。

それは、彼の勇気と有能さが証明済みだったからだ。

「ここであきらめては、何をしても勝者になれない」

子どもの頃のチャーチルは、それほど優秀な生徒ではなかった。全寮制のハーロー校卒業後は、サンドハースト王立陸軍士官学校に進学。卒業後は、第四騎兵隊に配属され、インドに赴任する予定だった。

インドに派遣されるまでに時間があったので、彼は当時キューバと戦っていたスペイン軍に志願した。

後年チャーチルは、「実際の戦場で戦うだけの気概が自分にあるかどうかを、自国の軍隊に加わる前に試す絶好の機会だと思った」と書いている。彼は戦場で勇敢に戦う勇気のあることを十分に証明し、スペインの軍功十字章の叙勲候補者に選ばれたのだ。

インドでは平穏なマドラスに駐屯したが、すぐに飽きてしまい、また戦いの場を探し始めた。マドラスから約三千二百キロ以上離れたインド北西領を統治するマラカンド監視軍に従軍記者として赴任し、やがて部隊長の参謀に納まった。

■■■ この不屈の精神が「神の思し召し」を引き寄せた！

自分の力を証明するチャンスは間もなく訪れた。二回の実戦を経験したのだ。初めての戦闘では、部隊が敵に攻撃され、チャーチルは十三時間ぶっ続けで戦った。戦闘中でもチャーチルの思考は明晰で、負傷兵を安全な場所に運ぶ将校の手伝いもした。

二度目の戦闘は、彼自身の言葉を借りれば、インド北西領における過去四十年間で最も激しい戦闘だった。五時間の戦闘で、部隊長を含む十七名が戦死し、五十名が負傷した。

事態が沈静化してくると、チャーチルはまた新たな戦いの場を求めた。母のコネを利用して、カイロの第二十一槍騎兵連隊に転属になり、そして英国陸軍史上最後にして最大の騎兵隊突撃に参加し、激戦の末、勝利をおさめた。

一八九九年、いよいよチャーチルは政界に打って出た。退役して、国会議員選挙に出馬したが、落選。その年の後半、南アフリカで戦争が勃発した時、『モーニング・ポスト』紙の特派員として報道に当たった。

現地に到着して二週間後、部隊と共に武装列車で移動中に反乱軍の攻撃を受け、チャーチルは敵軍の捕虜になり、プレトリアの捕虜収容所に連行されてしまう。

しかし、絶対に敗北を認めないのがチャーチルだ。捕虜になってから一カ月後、大胆にも収容所からの脱走を試みたのだ。収容所の壁をよじ登り、貨物列車に飛び乗った。ボーア軍は、賞金を出してでもチャーチルを捕まえようとしたが（生死を問わず）、チャーチルはダーバンまで逃げ延びた。

ダーバンにたどり着いたチャーチルは、自分が今や国民的英雄であり、国際的な有名人であることを知った。非正規騎兵連隊の南アフリカ軽騎兵隊としてさらに六カ月の任務を終えた後、英国に戻り、再び国会議員選挙に出馬して、今回は当選を果たした。チャーチルは二十六歳だった。

つまり、一九四〇年にウィンストン・チャーチルが首相に選ばれた時、どんな人物を選出したか英国民は十分承知していた。彼の勇気、タフな精神、リーダーとしての才能はすでに証明済みだったのだ。

■■■ 自分の「心」は常にテストされている

才能を伸ばし、発掘するには、勇気が必要だ。英語の courage（勇気）は、「心」を意味するフランス語の coeur が語源になっている。

勇気を示そうとする時、自分の心が常にテストされる。つまりこういうことだ。

◎勇気が試されるのは……「受け入れ難い真実」を受け入れる時

自分の勇気を試してみるには、実際にテストしてみるしかない。チャーチルの場合、それは実戦に出ることだった。

もちろん、現代では銃弾が飛び交う戦場で勇気をテストされることは滅多にない。されるとすれば、もっと個人の内面的葛藤に関するものになる。

ピュリッツアー賞を受賞したコラムニストのハーバート・アガーによれば、「人間を束縛から解放してくれる真実は、できれば聞きたくない真実である場合が多い」。

さらに成長するためには、真実の自分を直視しなければならない。これは得てして困難を伴うものだ。なぜなら、それは「できれば無視したい、正当化したい」ものだからだ。

ウィンストン・チャーチルは、「立ち上がって雄弁に話すのが勇気なら、座りこんで黙って人の話を聞くのも勇気だ」と言った。誰しも不愉快な真実を黙って聞くには勇気がいるものだ。

◎勇気が試されるのは……変化が必要なのに何もしないほうが楽な時

新しいことには一切手を出さず、見慣れたものに囲まれて暮らせれば、たしかに居心地はいい。慣れ親しんだ方法をいつでも手放す覚悟を持つこと、これも勇気だ。

米国史研究家ジェームズ・ハービー・ロビンソンは、「偉大さとは、古い考え方や基準、しきたりと決別する勇気によるところが大きい」と主張した。

もし、快適な現状を捨てて果敢に挑戦する覚悟があれば、あきらめていた「理想」をも実現できる。自分よりもっと才能に恵まれた人を追い越すこともできる。

◎勇気が試されるのは……自分の信念が批判にさらされる時

何かを主張すると、必ずそれを批判する人が出てくる。自らの信念を明確に打ち出し、それを実践しようとすると、それと真っ向から対立する信念の持ち主からの反対に遭う。哲学者で詩人のラルフ・ウォルド・エマーソンは言う。

「何をするにも勇気が必要だ。あなたが決めたことに対して、それは間違いだと言ってくる人が必ずいる。困難にぶつかると、その人の批判は正しいのではないかという気にさせられる。計画を立て、それにしたがって最後までやり抜くには、戦場で戦う兵士と同じ勇気が必要だ。平和は大きな勝利だが、平和を勝ち取るには勇敢な兵士が必要だ」

それならいっそ目立たないように振る舞い、自分の信念をひた隠しにし、波風を立てないようにするのが賢明なのか。もちろんそうではない。

勇気の反対は臆病ではなく、大勢に迎合することだ。

◎勇気が試されるのは……学び、成長した結果、自分の弱点が見えた時

オマール・ブラッドリー将軍の言葉を借りれば、「怖くて死にそうな時でも正しい行動をとれるのが真の勇気」である。

不得意な分野で新しいことを学び、成長しようとする時、人前で失敗したり、恥をかくのが怖い。そんな時、私は次の言葉を思い出して自分を励ますことにしている。

- 「勇気とは、あと一分だけ恐怖に耐えることだ」——ジョージ・S・パットン
- 「スッと相手をよけるかどうかが、ヒーローと臆病者の分かれ目だ」——ジーン・ハックマン

❍「覚悟を決めた恐怖心、それが勇気だ」――カール・バース
❍「恐れていることを実行するのが、勇気だ。恐れることがなければ、勇気もない」
――エディ・リッケンバッカー
❍「死ぬほど怖くても、馬に跳び乗るのが勇気だ」――ジョン・ウェイン

学習とは、本を読んだり、講義に出たりする消極的なものだと誤解している人が多いが、真の学習とは自分から行動を起こさなければ始まらないのだ。

◎勇気が試されるのは……人からひどい仕打ちを受けても正道を歩む時

私は以前、著書の中で「相手の自分に対する接し方よりもよい態度で相手に接することができる人はレベルが高い」と書いた。人とのつき合い方には三つのタイプがある。

邪道――相手の自分に対する接し方よりも悪い態度で相手に接する
中道――相手の自分に対する接し方と同じ態度で相手に接する

正道——相手の自分に対する接し方よりもよい態度で相手に接する

邪道は人間関係を損ない、人を遠ざける。中道は人を遠ざけはしないが、引き寄せもしない。正道は前向きな人間関係をつくり出し、たとえ争いの真っ最中でも人を引き付ける。

才能を開花させるには、自分以外の人間の存在が重要になる。対人関係で正道を歩む人を見ると、誰もが一緒に働いてみたいと思うことを覚えておいてほしい。

◎勇気が試されるのは……人より目立ってねらい打ちされた時

指導者や革命家を尊敬する人は多い。さまざまな組織から表彰されたり、歴史家がその伝記を書いたりする。彫刻家が山腹にその顔を刻む。しかし、指導者を持ち上げようとする人も多いが、引きずり下ろそうとする人もいる。

リーダーであれ、革新的な思想を持つ人物であれ、一般大衆の「一歩先を行く人」は、批判の標的にされることがある。善意の行動を悪く解釈され批難の嵐をあびることもある。

だが、これも人生で受ける一つのテストであり、そんな時も自説を曲げず、堪え忍ぶだけの勇気さえあれば、才能に磨きをかけ、より強い人間になれるだろう。

◎勇気が試されるのは……行く手を阻む障害にぶつかった時

逆境は進歩のパートナーである。前進しようとすると、必ず障害や困難、問題、そして苦境が立ちはだかる。それは当たり前であって、むしろ**「困難を迎え撃つ」くらいの気構え**でいるべきだ。

小説家H・G・ウェルズは、「この世から障害がすべて消えてしまったら、人間はどうしたらいいのだろう?」ととまどいを隠さない。

困難にあえぐ時は、決してそうは思えないが、実は逆境は人間の大切な友だ。障害を一つ乗り越える度に、自分の得手不得手はもちろん、自分についての理解を深めることができる。

困難を乗り越えて成功することで、より強く、より賢く、より大きな自信を持つことができる。

歴史上の偉人たちは、勇気を持って最大の難関に立ち向かい、そして克服した人たちなのだ。ウィンストン・チャーチルは、まさにその典型だった。

パット・ウィリアムズは著書の中で、チャーチルの晩年の数カ月間について書いている。

一九六四年、元大統領であり、第二次世界大戦の元陸軍大将であった、ドワイト・D・アイゼンハワーが、チャーチル元首相を病床に見舞った。アイゼンハワーは長い間黙ったままチャーチルのベッドの脇に座っていた。十分ほどしてから、チャーチルがゆっくり手を上げて、勝利を示すVサインをした。戦時中に英国民を鼓舞するために、頻繁にして見せたジェスチャーだった。

ここでアイゼンハワーは涙をこらえて、椅子を押しのけて立ち上がり、チャーチルに敬礼して部屋を出た。

廊下で待っていた看護師にアイゼンハワーは、**「ウィンストンに別れの挨拶をしたが、彼の示した勇気は不滅だ」**と言った。

自分の中の「勇気」を奮い立たせるために

偉人の伝記を読むと、この世には生まれつき勇気があり、偉業を成し遂げる運命の持ち主がいるのだとつい信じたくなる。しかしそれは真実ではない。誰もが勇気を奮い起こせる。もっと勇気ある人になりたければ、次に挙げることを実践してほしい。

1.「内面の戦い」に勝つ

世界恐慌のさなか、トーマス・エジソンが最後の講演を行ない、こう言った。
「私の言いたいのはこれだ。勇敢に行動してほしい。私は今まで長生きをした。そして歴史が何度も繰り返されるのをこの目で見てきた。不景気も何回か経験したが、アメリカは必ず不況を脱し、さらに強大な国に生まれ変わり、より大きな繁栄を手に入れてきた。先人がしたように、自信と勇気を持って前進するのだ」

エジソンは、**恐怖を感じた時こそ前に進み続けることが大事**だと知っていた。どうするかは個人の判断にゆだねられている。勇気はまず内部から湧き出して、表面ににじみ出てくる。

まずは自分の「内面の戦い」に勝たねばならない。

これは英国『デイリー・メール』紙の編集者に宛てられた、最も短い手紙の話だ。編集者が、「世界の問題は何か」という質問に対する読者の回答を募集した。作家G・K・チェスタートンが送った答えは次のようなものだったと言われている。

拝啓、
私です。
敬具
G・K・チェスタートン

勇気は内面から湧き出てくるものだ。決断し、目標を意識しながら行動を選択していくと、勇気はどんどん大きくなっていく。つまり、まず「勇敢になる」と決心することが、勇気のある人間になるための第一歩である。

2. その場しのぎの〝ご都合主義〟と手を切る

勇気を身につけようとすると、内面の葛藤を伴うことがある。その場しのぎのご都合主義でお茶を濁したくなる時も多いが、困ったことに、その場しのぎの簡単な方法の多くは間違っている。そこで葛藤が起こる。

精神科医で作家のシェルダン・コップが言うように、**「重大な戦いは、すべて心の中で起こる」**のだ。

よく、一人の人間の中には六人の人間が隠れていると言われる。つまり、周囲で評判になっている自分、周囲から期待されている自分、過去の自分、将来なりたい自分、自分でそうだと思う自分、本当の自分である。

人間は、「本当の自分」になれるように努力するべきである。その上で正しいことができるようになれば、もっと勇気が湧いてくるだろう。

3. 「小さなこと」から、大きな変化を起こす

とにかく一気に成長したいと思う人は多いが、真の成長は実にゆっくりしたものだ。成功するためには、まず小さなことから、毎日積み重ねていくことだ。

毎日何かを変え続けると、人生そのものに変化が起こる。これが「将来なりたい自分」を「本当の自分」に変える方法だ。

小さなことに挑戦し続け、自分の器を大きくしておけば、大きな危機に直面してもたいしたことではないと思えるようになる。

4. 口ではなく「行動」で示す

私は長年、指導者育成に関わってきたが、リーダーの肩書きや地位さえ手に入れればリーダーになれると信じている人がいまだにたくさんいる。しかし、真実はそうではない。元英国首相のマーガレット・サッチャーも言っている。

「指導者は淑女に似ている。自分で周囲にそう言って回らなければならないようでは、その人はリーダーでも淑女でもない」

常に勇気ある行動をとっている人は、周囲の尊敬を集め、お手本となり、慕われるからこそ、リーダーに選ばれるのだ。

どれだけの勇気を示すことができるかに比例して、人生の視野が広がったり狭まったりする。

積極的にリスクをとり、限界に挑戦し、自らの欠点と正面から向き合い、何度か敗北を経験したことのある人のほうが、安全で決まりきった道をおずおずとたどる人より多くのことを成し遂げられる。

勇気ある人間になるために、偉人になる必要はない。ただ、能力を発揮したいという意欲と、目標への努力を惜しまぬ覚悟があればいい。これは、才能の有無にかかわらず、誰にでもできることだ。

成功戦略9

「知的好奇心」を持ち続ける

「学び」に貪欲な人ほど加速成長できる！

才能に恵まれている人の中には、「人に教わるのが苦手」という人がいる。「自分は何でも知っている」という気持ちがあるからだ。そのため、成長が止まってしまう人も少なくない。

人の話を興味を持って聞き、新しいことを学び、実地に応用していく意欲があれば、いつでも知的好奇心にあふれた自分でいられる。そして、新しい発見にあふれた、成長していく自分をいつも実感できるだろう。

また、**知的好奇心を忘れず、人の教えを素直に聞く態度を持ち続ければ、人の上に立つ人として必要な「影響力」を維持できる**のだ。

■■■ 歴史上、最も才能に恵まれた男の「学びの記録」

さて、歴史上の人物で、最も才能に恵まれたのは誰かと聞かれれば、レオナルド・ダ・ヴィンチを最有力候補に挙げないわけにはいかない。

レオナルドは、さまざまな分野で驚くべき多才ぶりを発揮した。あらゆる分野で才能を発揮した彼のために『ルネッサンス・マン』という用語がつくり出されたほどだ。

レオナルドが、もし彫刻に専念していたら、偉大な彫刻家として名を成しただろう。もし絵画に専念していたら、画聖としてあがめられていただろう。もし人体解剖学、水力学、光学の研究に専念していたら、革新的な科学者と言われただろう。

また要塞建築、建築設計、重火器製作（実際にこの仕事で生計を立てていた時期も長い）に専念していたら、大いに尊敬を集めただろう。その上すぐれたアスリートであり、楽器も上手に弾き、歌い手としても一流だった。

レオナルドはまさに「万能の天才」だった。

レオナルドのどこが人と違っていたのだろう。たしかにレオナルドの才能は希有なものだったが、学習意欲も同じく人並み外れていた。このことはレオナルドの残した手稿（研究ノート）を見れば一目瞭然だ。

そこには常に新しい学びを求める彼の精神と「知識を吸収するさま」が描かれ、レオナルドの知識の広さと思考の深さが表われている。

一五〇六年から一五一〇年にかけて書かれた『レスター手稿』と呼ばれるレオナルドの研究ノートの一冊を、マイクロソフトの創設者ビル・ゲイツが一九九四年に購入した。

この七十二ページの手稿には、水と光、その他いくつかのテーマに関するスケッチと記述が含まれている。

たとえば、レオナルドは夕方に三日月を観察すると、月の外周がかすかに見えることがあると記した。ここでレオナルドは、太陽の光が地球の海に反射して、月を明るく照らしていると推論した。この説は、百年以上経ってからようやく実証された。

十歳の頃からダ・ヴィンチの業績に魅了されてきたゲイツはこう言っている。

「彼の科学的手稿には畏敬の念さえ覚える。驚異的なひらめきを単に書きとめただけでなく、天才の偉大な精神の働きの具体的な記録でもある。『レスター手稿』を見ると、ダ・ヴィンチは重要な概念を問う質問を提示し、仮説検証を繰り返して、答えを引き出すためにあらゆる努力をしている」

別の手稿には、

「使わないと鉄は錆びる。淀んだ水は汚れていく。気温が下がると水は氷になる。それと同じように、使わないでいると精神も活力を失っていく」

と、レオナルドは記している。

こうした怠惰に対する嫌悪感が、生涯を通じてレオナルドの知的好奇心をかき立てた。レオナルド・ダ・ヴィンチの学問に対する愛が消えることはなかった。死の間際まで常に学び、発見したことを手稿に書き続けた。

今でも彼の名前が人々の記憶に残っているのは、まさにこうした姿勢があったからである。

毎日を〝漫然〟と過ごさないための5つの処方箋

ありがたいことに、知的好奇心を失わないために、レオナルド・ダ・ヴィンチほどの才能は必要ない。ただ、学ぶことに対する「正しい姿勢」を身につければいいのだ。

1．「マンネリな毎日」を嫌う

まずは、マンネリな毎日から抜け出すことだ。経営学の大家フィリップ・B・クロスビーは、著書の中でこう述べている。

「世の中のことがだいたいわかってくる年齢に達すると、人は次第に決まり文句や習慣に頼って生きるようになる。学ぶのをやめ、頭はアイドリング状態のまま残りの人生を生きていく。組織の中では出世し、野望を抱いて努力し、昼夜を問わず働き続けることもあるかもしれない。だが、新しいことを学ぶことはない」

マンネリ状態から抜け出そうともしない人が多いのは残念なことだ。そんなことでは、人生最大のチャンスを逃してしまうことになる。

それに対して、学びを忘れない人は、人生に全力で取り組むことができる。ワクワクすることもある。新しい発見をしたい。人と討論したい。実地に試してみたい。成長したい。**情熱と能力に相関関係があることは明らか**だ。

ゲーテは、

「素晴らしい絵画や音楽、本に触れずに、漫然と日を過ごしてはいけない」

と言った。人生に真剣に取り組めば、人生はどんどん面白くなっていく。そして、興味を持って学び、探検することで、能力もどんどん伸びていく。

2. 「自分の無知」に気づく

知的好奇心に満ちている人は、新しい考えを受け入れる余裕を持ち、教えてくれる人の話を素直に聞ける。

米国のジャーナリスト、シドニー・J・ハリスは、「成功する人は、どんなに専門家扱いを受けても、自分が無知だと知っている。それにひきかえ成功しない人は、自分がいかに無知かに気づくことなく、専門家扱いしてもらいたがる」と言った。

自分の無知さ加減に気づくには、実に多くのことを知らなければならない。

世の中は広く、人間の知識は本当にちっぽけなものだ。知的好奇心があれば、学ぶことはいくらでもある。

3．「学び」は一生続く

ローマ帝国の学者カトーは八十歳を過ぎてからギリシャ語を習い始めたと言われている。「その年になって、なぜそんなむずかしいことを勉強し始めたのか」と問われたカトーは、

「これからの人生で、今が一番若いからだ」

と答えた。

多くの人はカトーとは違って、学びは継続的なプロセスではなく、一時的なものと

考える。最後に学校を卒業してから本を一冊読み通す人は、成人全体の三分の一にすぎないという話を聞いたことがある。

なぜそんなことになるのか。学びは人生の一時期のことであり、生き方そのものだとは考えていないからだ。

学びは年齢に関係ない。カトーのように八十歳を超えた老人だろうが、小学生だろうが、関係ない。どんなにつまらないと思えること――たとえば庭の手入れをする時、商品を棚に並べる時、皿を洗う時――でさえ、学ぶことはある。

人生はいつでも学ぶべき教訓に満ちている。学び続けるか、学びを拒んで成長しないか、どちらを選ぶかは本人次第だ。

4．いつも「新しい考え」に心を開いておく

「自分を最初に成功に導いてくれたものが、必ずしも成功を長続きさせるのに役に立たない」というのが、人生の矛盾の一つだ。新しい考え方、新しい技術に、常に心を開いておくこと。J・コンラッド・ホールがこんなアドバイスをしている。

人から教わることができないなら、いくら才能があってもムダだ。
柔軟性に欠けるなら、いくら目標を立ててもムダだ。
感謝の念に欠けるなら、いくら豊富にモノがあってもムダだ。
師の言葉に従えないなら、いくら将来の展望が明るくてもムダだ。
忍耐力に欠けるなら、いくら将来の計画を立ててもムダだ。
周囲から孤立していたら、いくら成功してもムダだ。

奇妙に聞こえるかもしれないが、才能があるためにかえって成功できないこともある。いつも「新しいこと」に前向きでいてほしい。

5.「優越感・うぬぼれ」は成長を止める

劣等感から来る嫉妬が致命的なのと同じように、優越感から来るうぬぼれやプライドも命取りになりかねない。うぬぼれが強くなると、現実を冷静に見る目と、新しいことを学ぶ意欲が失われ、自分を変えようともしなくなる。つまり、人の教えに全く耳を貸さなくなってしまうのだ。

高すぎるプライドは、成功を収め、才能を磨いていく上で巨大な障害となる。まずプライドが高いと、新しい考えを受け入れられない。

うぬぼれが強く、高慢で思い上がっているのに、人の意見を素直に聞ける人がいたら会ってみたいものだ。「自分を賢いと思い込む人は、馬鹿者より望みがない」という言葉もある。

また、プライドが高いと、自分の過ちを認められない。特に「自分はこれまでこのやり方で成果を上げてきた」というプライドがあると、現状改善より現状維持に固執するようになる。

自分の過ちを認め、過ちから学ぶことが「成長への近道」なのに、それができなくなるのだ。

そこで次から「高すぎるプライド」を克服する方法を見ていこう。

■■■　〝エゴでいっぱいの自分〟を粉砕する戦略

もし、不健全なプライドが自分の成長を邪魔するようなら、意識して戦略的な打開策を講じなければならないが、これがなかなかむずかしい。

アメリカ建国の父の一人ベンジャミン・フランクリンは、「人間の情熱の中で、プライドほど鎮めがたいものはない。叩きのめし、息の根を止め、これでもかとばかりに抑えつけても、プライドはまだ生きている。たとえ完全に克服できたと思っても、今度は自分の謙虚さを誇りに思うことだろう」と考えていた。

高すぎるプライドを克服するために役立つことがいくつかある。

1．自分の〝うぬぼれ〟を認める

プライドの高い人は、自分でそのことに気づいていないことが多い。しかも、プライドを克服するには謙虚さを身につける必要があるが、それを望む人は少ない。

作家C・S・ルイスは言っている。

「謙虚さを身につけたい人に、まず最初に教えることは、『自分はプライドが高い』と認めさせることだ。しかもこれが一番むずかしい。それができなければ手の施しようがない。自分はうぬぼれていないと思うことこそ、大変なうぬぼれである」

自分を戒めるために、私は常にサクソン・ホワイト・ケッシンジャーの詩を持ち歩いている。自分で自分のことを重要人物と思っているなと感じたら、取り出して読むことにしている。題名は「かけがえのない人」だ。

自分は偉いと思う時がある
エゴが大きく咲き誇る時がある
自分が部屋中で一番賢いのは
当然と思う時がある

自分がいなくなった後、誰もその穴を
埋められないと思う時がある
こんな簡単なことをするだけで
どれだけ謙虚になれるだろう
バケツに水を一杯にして
片手を手首まで水につける
手を水から抜いた時の穴の大きさが

あなたが抜けた後の穴の大きさ
手を水に入れる時、思いきり水飛沫を飛ばしても
渦巻きになるまでかき回してもいい
でも手を止めれば
たちまちバケツの水は元のまま

この風変わりなお話の教訓は
とにかく最善を尽くし
自分に自信を持て
でも忘れるな
この世にかけがえのない人などいないということ

もし自分に何かあったら、地球の回転が止まり、誰もが気づいてくれると信じたい、そうあってほしいというのは誰しもが思うことだ。しかし、誰が死のうが地球は回り

続ける。だから、ケッシンジャーのアドバイスは非常に的確なのだ。

2. いつも「感謝の念」を示す

以前ジグ・ジグラーと話した時に、徳の中で一番表現されにくいのは、感謝の気持ちを示すことだと思うと言われて、私もその通りと思った。相手が聞いた時に一番うれしいのも、感謝の言葉だと思う。

オプラ・ウィンフリーはこんな提案をしているが、素晴らしいことだと思う。

「感謝日記をつける。毎晩、その日に起こった出来事で感謝したいことを五つ選んで、書きとめる。そうするとその日一日のとらえ方と人生の展望が変わってくる。自分にあるものに注目すれば、自分は恵まれた環境にあることに気づき、これからも不自由はしない。自分にないものばかりに注目すると、決して満足できない」

独りよがりで、プライドが高い人は「自分はいつも過小評価されている」と考えるので、感謝の念など持つわけがない。逆に、常に感謝の気持ちを示すようにすると、そういう困ったプライドを持たずにすむというわけだ。

3. 自分を笑い飛ばす

中国には「自分を笑い飛ばせる人は幸せだ。一生笑いの種に事欠かない」という諺がある。プライドの高い人が自分を笑い飛ばすことはまずあり得ない。自分をネタにして笑い飛ばせる人にとってプライドが問題になることは、まずないだろう。

■■■ 才能に「磨き」をかける一番の早道

自分の才能を伸ばしたければ、常に学び続けること。これが一番の早道だ。未来学者ジョン・ネイスビッツは、「最も重要なスキルは学び方を学ぶことだ」と考えている。私のアドバイスは次の通りである。

1. 「聞く技術」を身につける

一生、学び続けるための第一歩は、人の話を聞く術を身につけることだ。作家ヘンリー・デビッド・ソローは、「真実を話すには二人の人間が必要だ——話す人が一人と、聞く人が一人だ」と書いた。

人の話を上手に聞ける人は、相手をより深く理解し、相手の知識を吸収し、相手の個性を尊重できる。

毎日の生活でも、自分一人が話していたのでは何も学べないことを覚えておいてほしい。昔から、「口が一つ、耳が二つあるのには理由がある」と言われているではないか。

謙虚に他人の話に耳を傾けていれば、日々新しいことを学び、才能を磨くことができる。

2.「学びのチャンス」に目を光らせておく

いついかなる時も「学びのチャンス」に目を光らせていれば、自分の才能を最大限に発揮できる。教わり上手になることも大切だし、勉強の計画を立てることも必要だ。たとえば本を読むのもいいし、ひらめきを与えてくれる場所を訪れるのもいい。セミナーや講演会に出席するのもいい。また、一緒にいると大いに刺激を受け、新しい経験ができる人と行動を共にするのもいいだろう。

十七世紀のスペインで活躍した著述家、修道士のバルタザール・グラシアンが述べた生き方を、ぜひ試してほしい。

「友達を師と仰ぎ、会話を楽しみながら学ぶようにせよ」

自分を批評して高めてくれる人と友達になって、互いに高め合っていけば、人生は自然と変わってくる。

3.「学んだこと」は即実行

何年か前に見たチャールズ・シュルツの『ピーナッツ』で、チャーリー・ブラウンが、浜辺で素晴らしい砂のお城をつくっている場面が出てきた。砂の城が完成してうっとり眺めていると、急に土砂降りの雨が降ってきて、城は押し流されてしまった。最後のコマで、チャーリー・ブラウンがひと言。

「ここで学ぶべき教訓がきっとあるんだろうけど、ボクには何だかわからない」

残念ながら、貴重な教訓を学ぶチャンスに遭遇しても、多くの人はこのように感じる。学習と成長の瞬間を自ら探し求める人でさえ、学ぶべき教訓を見逃してしまうこともある。

たとえばワークショップや講演会に参加してノートにメモをとったとする。しかし、そのノートを家に帰ってからもう一度開いて勉強する人はごくわずかだ。

これでは、素晴らしい宝石を仕入れてきたのに、ていねいに箱に入れて棚にしまったまま埃まみれにしてしまう宝石デザイナーのようなものだ。

学んだことは、即、実行に移すことが大切なのである。

この章の最後に、自分は新しい考えややり方に心を開いているかどうか、次の質問に答えて判断してほしい。

1. 人のアイデアを受け入れられるか。
2. 話すことより聞くことに時間をかけているか。
3. 新しい情報を参考にして、自分の意見を変えられるか。
4. 自分の間違いを素直に認められるか。
5. 行動を起こす前に、状況を見きわめられるか。
6. 質問ができるか。

7．自分の無知をさらけ出すような質問ができるか。
8．今までと違うやり方を試すことができるか。
9．他人の指示を仰ぐことができるか。
10．他人から批判された時、自分を弁護しようとするか、それとも素直に真実を受け入れられるか。

以上の質問に一つ以上ノーと答えた人は、もう少し成長しなければならない。より柔軟な姿勢を持ち、謙虚さを身につけることだ。そして、ジョン・ウッデンの言葉を肝に銘じておこう。

「今知っていることは、すべて誰かから教わったことである」

ノースカロライナ州知事の招待を受けたトーマス・エジソンは、「独創的天才」という賞賛の言葉で迎えられた。

「私は偉大な発明家などではありません」とエジソンは反論した。

「でも、あなたの名前で登録した特許は千件以上もありますが」と知事は答えた。

「それはそうですが、完全に独創的な発明と言えるのは、蓄音機だけです」とエジソンは言った。

「おっしゃっていることの意味がよくわからないのですが」と知事が尋ねた。

「つまりですね、私は何でも吸い取るスポンジのようなものなのです。いろいろなところからアイデアを吸収し、それを実用化する。そして、それが価値を生むようになるまで改良を重ねていくのです。私の発明のほとんどは、思いついたものの自分でそれを形にしなかった人たちのアイデアを利用したものです」

　学び続けるのをやめない人が、いかにして才能に磨きをかけていくか、これ以上に適切な説明はないだろう。

成功戦略10

「品格」を磨く

「誰も見ていない時」、あなたは何をやっているか?

才能に恵まれた人は周囲から注目されることが多いが、しっかりとした品格が身についていないと、その名声を長く保つことはできない。

せっかくの才能も、品格がなければ、名声・賞賛は地に落ち、堕落してしまう可能性は極めて高い。

■■■ 品性を決定づける「4つの要素」

人は氷山のようなものだ。見えている部分より、見えない部分のほうがずっと大きい。海面に出ている氷山の約一五パーセントが才能で、隠れている残りの部分が品格に当たる。

わかりやすい例を挙げると、**「誰も見ていない時」にどういう行動をとるかが、その人の品格を示している。**

ひどい交通渋滞や、日常生活のイライラにどう反応するか、成功、そして失敗にどう反応するか。それが品格だ。

才能だけが先走り、頭でっかちになってしまうと、苦境に立たされる可能性が高い。

そして、才能を表面下で支える品格を持たずに、困難な時期を乗り越えて成功できる人はいない。どんなに激しい嵐の中でも、品格があれば足下がゆらぐことはない。品格は、その人の「土台」のようなものだ。爪楊枝《つまようじ》ぐらいの太さしかない品格では、切手しか支えられない。大黒柱ほどの太さのある品格なら、屋根でも支えることができる。

では、この品格を形成しているのは何なのだろう。私は次の四つの要素に大別できると考えている。

（1）自制心
（2）価値観
（3）独自性
（4）整合性

これから順を追って考えていこう。

1. 自制心——やりたくない「やるべきこと」をこなせるか

自制心の基本は、たとえやりたくなくても「正しいこと」ができる能力である。歴

史に名を残すリーダーや成功者は、この真実を理解してきた。ギリシャの哲学者プラトンも、

「最初にして最大の勝利は、自分を克服することだ」

と述べている。

真に偉大な勝利は内面的なものだ。私がリーダー育成の道を歩むきっかけとなった『霊的リーダーとなるために』の著者オズワルド・サンダースは、「未来は自制心のある人のためのものである」と書いた。

自制心がなくては、どんなに優秀であっても、才能を開花させることはできない。これはリーダーに限ったことではなく、才能を最大限に発揮したいと考えている人すべてにあてはまることだ。

自分の才能を一〇〇パーセント発揮するためには、内面の葛藤に打ち勝って、自らを律しなければならない。偉大な登山家エドモンド・ヒラリー卿の言葉通り、**「征服するべきは山の頂上ではなく自分自身」**なのだ。

また、十九世紀の英国の神学者ヘンリー・パリー・リッドンは、「大事な場面でど

う行動をとるかは、恐らくその人がどういう人間かによると思われる。その人がどういう人間になるかは、それまでの人生でいかに自分を律してきたかによって決まる」と言った。

自分を律することが、確固たる品格の第一歩である。

2．価値観──正しい「原理原則」に則っているか

価値観は、人が人として生きるための原則だ。価値観によって自分の考え方や生き方が決まる。理想を言えば、自分の価値観を書き出して、いつでも人生の道しるべとして使えるようにしておきたいものだ。

私が賞賛を惜しまないのは、UCLAの元バスケットボールチームの監督で、殿堂入りを果たしたジョン・ウッデンだ。ウッデンは十二歳で小学校を卒業した時、父親から人生の七つの心がまえを書いた紙を渡された。それ以来、毎日その紙を持ち歩いている。それにはこう書かれている。

1．自分に忠実であれ。

2. 他人を助けよ。
3. 毎日を最高傑作にせよ。
4. 聖書をはじめ良書を深く学べ。
5. 友情を芸術のレベルまで高めよ。
6. 雨の日に備えて、非難場所をつくれ。
7. 神の導きを求めて祈り、感謝の念を持って毎日を生きよ。

この心がまえのことは本で読んで知っていたので、ウッデン監督に会った時に訊いてみた。レストランで朝食をとりながら、ポケットからその紙を出して見せてくれた。

もちろん内容はすべて記憶しているので、紙を持ち歩く必要はない。しかし、大切なことは、この心がまえを肝に銘じ、毎日実践するべく努力することなのだ。

スイスの哲学者アンリ・フレデリック・アミエルは、言った。

「精神生活のない人間は環境の奴隷だ」

価値観がしっかりしていれば、精神生活に秩序と枠組みがもたらされる。そして内面の秩序が保たれていれば、外の世界で何が起きても、乗り越えていけるのだ。

3．独自性——自分はいったい何者か

品格を論ずるには、「自分はいったい何者なのか」という重大な疑問に答えなければならない。その答えが自制心を育てるきっかけになることが多く、自分の基本的価値観を確認するための基礎にもなる。また、精神の安定にも役に立つ。気持ちが安定しているか、いないかによって人の行動は違ってくるものだ。

米国の作家ナサニエル・ホーソンもこのことを真実として認めている。

「内向きの顔と外向きの顔を長い間使い分けていると、最後にはどちらが本当の顔かわからなくなる」

自分の独自性をどのように認識するか。自分の価値観はどこから来たのか。富と権力を手に入れようとするのはなぜなのか。

常にけんか腰で生きている人は、心の奥底では自分は取るに足りない人間だと思っているか、被害妄想にとらわれているかのどちらかだ。そうなると周囲と自分の関係を歪んだ目で見るようになる。そして、この歪みが品格に悪い影響を与える。

どんなに頑張っても、自己認識と矛盾する行動をとることはできないのだから、自分の独自性を明確かつ正確に理解することがどうしても必要だ。作家ルース・バート

ンの言葉を借りるなら、「自分がどういう人間かを知らずに、人生の目標を定める人は失敗する運命にある」のである。

4. 整合性――価値観、思考、感情、行動を一貫させる

品格を形成する最後の要素は整合性である。

ここで言う整合性とは、価値観、思考、感情、行動が一貫していることを指す。強い道徳観を持ち、言動が一貫している人は、必ず周囲の人を引きつける。

パット・ウィリアムズはその著書の中で、英国議会で演説するために英国に赴いたマハトマ・ガンジーの話を紹介している。

インドの独立を認めない英国政府は、声高に独立を叫ぶガンジーを何度も脅迫したり、逮捕、投獄したりしていた。ガンジーは、二時間近く情熱的、かつ雄弁に語り続けた。議事堂を埋め尽くした聴衆は講演終了後、全員が起立して割れんばかりの喝采を送った。

後にある新聞記者が、ガンジーはどうしてあのような素晴らしいスピーチを原稿なしでできたのかと、ガンジーのアシスタントのマハデブ・デサイに尋ねた。

「彼は感じるままに考えるのです。感じたままを口にします。そして口にしたことをそのまま行動に移します。つまり、彼の感情、思考、発言、行動はすべて同じなのです。ですから、演説のための原稿など必要ないのです」

このように価値観、思考、感情、行動にずれがなければ、人生の焦点がぼやけることもなく、確固とした品格が形成される。

品格を身につけないまま才能を開拓しようとしても、必ず行き詰まる。決して目指すところに到達できない。才能に恵まれていても、品格に欠ける人の人生はバランスを欠いている。

千三百人の企業重役を対象に、コーン・フェリー・インターナショナル社とUCLAビジネススクールが共同で実施した「有能な重役に最も必要な資質は何か」というアンケート調査がある。一位は「整合性」、二位が「結果へのこだわり」、三位が「責任感」だった。

重役室で大切とされるものは、教室であれ、家庭であれ、スポーツジムであれ、どこでも大切だ。自分の才能を活かして成功したいなら、整合性のとれた誠実な態度で才能を守っていかなければならない。

■■■ 最後に勝ち残る「本物」になる条件

確かな品格を身につけることは、才能を最大限に発揮するための最も重要な課題というわけではない。しかし、才能を浪費しないためには、ぜひとも必要であり、品格の与える影響を見くびってはいけない。

すでにおわかりのように、**才能と人生の土台になるのが品格**なのだ。この土台にひびが入っていれば、多くを成し遂げることはできない。逆に確かな品格を確立できれば、おおいに能力を活用し、個人的な成功を手にできるだけでなく、周囲の人にもプラスの影響を与えられる。

そこで、揺らがない人生の土台を築くための心がまえを挙げていくことにしよう。

1．こんな〝自己矛盾〟を自分に許さない

文化人類学者のマーガレット・ミードによると、「人が言うこと、やること、やる

と口にしたこととの間には、まったく関連性がない」。これは、品格や整合性を欠く人にこそ当てはまる言葉だ。哲学者、詩人のラルフ・ウォルド・エマーソンはこういう状態を、「行動が声高に語るので、言っていることが聞こえない」と表現した。

こうした自己矛盾を奨励する人がいるのには驚かされる。デザイナーのラルフ・ローレンはこんなことを言っている。

「人の独自性の本質は……その人の内面ではなく、外見の装飾にある……蔵書をたくさん棚に並べておけば、実際に読破する必要はない。ピアノを持ってさえいれば、実際には弾けなくても構わない。つまり、どんな人間にでもなることができる。もっと正確に言えば、外見だけはどんな人間にでもなれるというわけだ」

たしかに、**外見を飾りたてて「印象」をよくすることはできるが、最後に勝ち残るには「本物」でなければならない。**

「印象」は影のようなもので、強い光が当たると消えてしまう。「品格」こそ本物であって、強い光が当たるとさらに細かいところがよく見えてくる。

ソクラテスが言ったように、「外見上の自分」と「真実の自分」を一致させることが、「偉大さへの第一歩」なのである。

2.「人の上に立つ人」に求められる影響力

最近は周囲の人に自分を尊敬するよう強要する人が多い。要職に就いているから、金持ちだから、有名だからという理由で、自分にはそれだけの威信が備わっていると考える。

ところが、周囲から尊敬され、それなりの威信を保つには、時間をかけなければならないし、それを育み、維持するには品格が必要だ。米国陸軍大将J・ロートン・コリンズはこう言っている。

「たとえどんなに優秀な士官でも、真の勇気を持ち合わせていない不誠実な人間に、同僚や部下の信頼を勝ち取ることはできない」

私は、三十年間リーダー育成に携わってきて、リーダーにとって有益な技術の習得を手助けしてきた。

ところが、世界中のあらゆる技術をかき集めても、品格に欠点のある人がリーダーとして大成することはできない。

『七つの習慣』の著者スティーブン・コヴィーは言う。

「影響力を駆使し、策略をめぐらせて自分の思い通りに人を操り、より効率的に働かせ、リーダーや周囲の人に好意を持つように仕向けたとしても、リーダーの品格に二面性と不誠実という致命的な欠点があったら、結局は成功できない。二面性が不信感を生み、いわゆる良好な人間関係を保つためのテクニックを駆使したとしても、人を好きなように動かそうと画策していると思われてしまう」

品格は親から受け継ぐものでもないし、お金で買うことも、重さを測ることも、手で触ることもできない。品格を育むことはできるが、それには時間がかかる。そして品格がなければ、人を導くリーダーにはなれない。

3. 腰をすえてことに当たれ

頂上に到達するのにどれだけかかるかを知りたければ、カレンダーを見ればいい。ふもとまで転げ落ちるのにかかる時間を知りたければ、ストップウォッチを使えばいい。

仕事、人間関係、意義深い目標——どんなことであれ、長期間にわたって夢を追求するには品格が必要だ。

作家、牧師のJ・R・ミラーは、「墓穴に埋められるのを拒み、参列者と一緒に墓場から戻ってくるのは、故人の品格だけだ。これは本当のことだ。故人の品格は、本人よりも長生きをする。決して葬り去られることはない」と述べている。才能を長続きさせ、毎晩ぐっすり眠りたければ、確かな品格を身につけることだ。

九十歳の誕生日に、幸せに長生きする秘訣は何かと訊かれたジョン・ウッデン監督は、

「良心の呵責《かしやく》がないことほど柔らかい枕はない」

と答えた。品格は才能を守るだけでなく、悔いのない一日を可能にしてくれる。

戦いの最中に逃げ出さない自分をつくる法

あなたの才能は「天からの贈り物」だということを忘れてはならない。しかし、品格は「自分の選択」によって磨かれるものだ。努力が不可欠なのだ。そのための方法は次の通りだ。

1．「逆境」を自らの血肉にせよ

ドイツの哲学者、詩人のゲーテは、

「才能は清流でも培うことができるが、品格は人生の激流の中でしか培えない」

と言った。

皮肉な話だが、激流でもまれた体験がなければ、清流で培った才能を活かすことができないのだ。

能力を発揮して成果を出したいと思うなら、つらくても投げ出してはいけない。嵐の真《ま》っ只中《ただなか》であきらめてはいけない。闘いの最中に逃げ出してはいけない。

気が向いた時や簡単にできる時にしか、やるべきことをやらない人は、才能を伸ばすことはもちろん、成功することもできない。

目標達成のためなら、やりたくないことも「とにかく、やる」ことが、品格の基本中の基本である。

つまり、価値あるものを手に入れるためなら、自分が思っていた以上の大きな犠牲を払うことは避けられない。自分の価値観と整合性を傷つけずに逆境を乗り越えた時、品格はいよいよ確固たるものになる。

2.「正しいこと」を愚直に行なう

人間は、放っておいても正しい行動ができるというわけではない。アメリカの初代大統領ジョージ・ワシントンでさえ、「目の前に金を積まれても、いやなものはいやと言えるだけの良識を持った人はほとんどいない」と言った。

「道理に反しているが、自分にとって都合のいいこと」ではなく、「道義的に正しいこと」をするのは容易ではない。

また、自分以外は見ている人もいないところで「正しいこと」をするのも容易ではない。

しかし、こういう時こそ品格が高められるのだ。

キング牧師はこう考えた。

臆病者は尋ねる。「それは安全か」

世論は尋ねる。「それは受けがいいか」

品格を備えた人は尋ねる。「それは正しいか」

ここが大切なところだ。果たしてあなたにも正しいことができるのか。

つい間違った方向に流されそうになる時、私は自分に次のように問いかけることにしている（ビジネス倫理学者ローラ・ナッシュ博士考案による質問を参考にした）。

1．何かを隠していないか。
2．誰かを傷つけていないか。
3．他人から見たらどう見えるか。
4．相手と直接話し合ったか。
5．自分の子どもだったらどうしろと言うか。

正しいことをしていれば、すぐに才能が花開くというわけではないが、長い目で見れば、それが自分のためであり、危険から身を守ることにつながるだろう。

3．「環境のせい」と言い訳するのをやめる

品格に欠ける人は、自分の失敗を環境のせいにする傾向がある。

育った環境が悪かったから、経済的に恵まれなかったから、人が意地悪だったから……といった具合に被害者意識で一杯なのだ。

だが、これだけは知っておいてほしい。環境はコントロールできなくとも、品格は自分でコントロールできる。いついかなる場合でも、品格はあなた自身の選択にかかっているのだ。

「自分に品格がないのは環境のせいだ」と言うのは、「自分のルックスが悪いのは鏡のせいだ」と言うのと同じだ。品格は自分の責任で、努力して手に入れるものだ。

まず始めに、品格を高めることを目標にして、あれこれ言い訳するのはやめよう。フランスの作家フランソワ・ラ・ロシュフコーは、「自分の落ち度を隠すために考え出した策略は許せなくても、欠点そのものなら許すことができる」と断言する。

天が与えてくれた才能があるなら、それをほったらかしにしておく手はない。チャンスが目の前にあるなら、追求するべきだ。未来は明るいのなら、希望を持つこと。そして何よりも、確かな品格を身につける可能性が自分にあると思うなら、それをぜひ実現しよう。

成功戦略11 「責任感」を持つ

「誰かが代わりにやってくれる」と思うな！

自分の能力を鍛え上げるには、責任感を養うのが一番だ。
責任感は、さらなる高みへと能力を引き上げ、あなたを「筋金入り」にしてくれる。

本書では、自分の才能を活かしきるために必要な十三の成功戦略を挙げているが、その中でも「責任感」はどうしても後回しになりがちだ。

しかし、責任をとれないのは本人にとっても、周囲にとっても、大きな悲劇だ。

■■■長期的に成功できる人、一過性で終わる人

今の世の中は、才能だけを重視し、責任については軽視しがちである。

そんなことはないと言うなら、スポーツ選手に対する人々の態度を見るといい。高校や大学のスポーツ選手が優秀であればあるほど、どんなに無謀で無責任なことをしても、大目に見てもらえることが多い。これでは百害あって一利なしである。

責任感を持てば、結果的に能力をさらに高め、長期的な成功を手にするチャンスを増やすことになる。責任感を持つことの効用をまとめてみよう。

1．“生産的な人間”に変身できる

最近、航空母艦ＵＳＳエンタープライズを見学する機会に恵まれた。全艦のツアーに参加し、五千五百人の乗務員が担うそれぞれの役割と機能について、何人もの下士官から説明を受けた。

驚いたのは、すべての下士官の話に共通のテーマがあったことだ。彼らは、艦全体として任務を遂行する上で、各部署の責任がいかに重要かを語っていた。

そして、各部署がそれぞれの機能を果たせるかどうかは、最終的には十九歳の水兵たちの肩にかかっている——こうしたことを下士官は誇らしげに語ったのだ。

一人の下士官は、自分の部下で、元不良グループのメンバーだった兵士について話をしてくれた。この若者は刑務所に行くか、海軍に入隊するかと言われ、海軍を選んだ。トラブル続きだった過去に別れを告げ、信頼される兵士になったばかりか、分隊のリーダーを務めるまでになった。

自分が海軍で一番誇りに思う瞬間は、元不良の青年たちが成功できるように手助けする時だと、この指揮官は語った。
不良少年をリーダーに変え、厄介者を立派な社会の一員として立ち直らせたものはいったい何なのか。

それは「責任感」である！

軍隊に入ると、責任がすべてという文化にどっぷり浸かるようになる。そういう場に身を置けば、自ずと責任感のある生産的な人間へと変貌していく。責任をまっとうして最善を尽くす習慣が身につけば、必ずよい結果につながる。
私が出会った若い兵士たちは、自分の責任を果たすという選択をした男女だった。この選択が軍隊での成功の基本である。将来何をするにしても、その経験が成功の基本として、きっと役に立つに違いない。

2・「大きな仕事」をまかされる

何年も前の話だが、ある地方紙の編集長が、新米スポーツ記者を大きな試合の取材に行かせた。

ところが、この記者は何も取材せずに戻ってきた。

「記事はどこだ」とマリーンは尋ねた。

「ありません」と記者は答えた。

「何だと。なぜ書かなかった」

「試合が中止になりました」

「試合が中止になった!?　いったい何が起こったんだ」

「スタジアムが崩壊しました」

「それじゃあ、スタジアム崩壊の記事はどこにある」

新米記者は答えた。

「僕はそういう指示は受けていません」


自分の責任をきちんと果たせる人は、「より重要な仕事」「より大きな仕事」をするチャンスを与えられる。

だが、自分の責任を果たせない人は、そのようなチャンスとは無縁である。

3．「能力とチャンス」が最大限に活かされる

一九九四年にメジャー・リーグの選手がストライキに突入した時、野球カードの製造販売会社も財政難に陥った。

しかし、ピナクル社の経営陣は従業員を絶対にリストラしないと決めた。そして、野球カードの売り上げが回復するまで従業員の給与を払い続ける方法として、経営陣は、四千万ドルの売り上げ減少分を補うだけの財源を確保する責任を、なんと従業員に課した。

ＣＥＯのジェリー・マイヤーは従業員にこう言った。

「私が皆さんの職を守るのではなく、皆さんが自分で自分の職を守ってください。何をどう変えたらいいか、一番よく知っているのは、あなた方だからです」

従業員はこの期待にみごとに応えた。清掃係は、会社が会議用のソフトドリンクに年間五万ドルも使っていると報告し、この経費は即座にカットされた。経理部は商標検索法を簡易化して、年間十万ドルを節約した。広報課長は、オリンピックで記念バ

ッジを配布する契約をまとめ、二千万ドルの収入を上げた。

ストライキが終わってみると、従業員を一人も解雇しなかった野球カード製造販売会社は、ピナクル社だけだった。

責任感を醸成していけば、私たちの能力はさらに引き出され、チャンスは面白いほど増えていく。

職場では、ただ与えられた仕事をこなすことだけが責任ではなく、会社に貢献するのも責任のうちだと考えるべきである。

たとえば、毎日仕事が終わった時に、「今日は会社の利益のために貢献をしたか」と自問自答するべきだ。答えがノーなら、それは問題だ。

会社の業績に貢献するのは、そこで働く者の責任なのだ。社員になったら、会社に負担をかけるのではなく、会社に利益をもたらす存在にならなければならない。

作家リチャード・L・エバンズは言う。

「自分の責任を真剣に受け止め、責任をまっとうし、最終的な詳細まできちんと詰めてくれる人はかけがえのない存在だ。その人が仕事を引き受けた以上、必ず良心的に最後までやり遂げてくれると信頼できることほどありがたいことはない」

リーダーたるもの、責任感の強い人を見出した時は、やりがいのある仕事と効率よく仕事をするためのリソースを与え、その労に報いなければならない。

4.「存在感」と「名声」が驚くほど高まる

責任感が強い人の評判は、いやが上にも高まっていく。それが常に責任を持って行動する人にとっての財産になる。頼んだことはきちんとこなし、誰もが頼りにしている——そういう人には存在感がある。

それにひきかえ責任感のない人は、全く信頼できない。人によっては、特定の部分にだけ責任を持つが、あとは知らないという生き方をする人もいる。しかし長い人生、そううまくはいかない。どこかで無責任なことをしていると、必ずしっぺ返しを食らう。

ドワイト・D・アイゼンハワーの名前は、アメリカ史上に燦然《さんぜん》と輝いている。将軍としての名声は高まり続け、ついには大統領に就任した。大統領としてはごく平均的だったが、将軍としては非常に優秀だった。それは、**「自分が下した決断の責任は自分がとる」**という姿勢を貫いたからだった。

第二次世界大戦中、アイゼンハワーは、フランスのノルマンディー上陸作戦の責任者だった。この戦いでは多くの戦死者が出ることが確実であり、作戦決行の決断はつらいものだった。だが、この作戦が成功すれば、ナチとの戦いが大きな転機を迎えるはずだった。

パット・ウィリアムズは、その著書の中でアイゼンハワーが侵攻作戦決行の数時間前に、万一失敗した場合に記者会見で読み上げる敗北宣言の原稿を自ら書き上げていたと書いている。その内容は次のようなものだった。

「我が軍の上陸侵攻作戦は失敗に終わった。（中略）そして私は全軍撤退を命じた。作戦の実施時期及び攻撃目標は、現在入手可能な最善の情報に基づいて私が決定した。作戦決行にあたり、陸、海、空軍とも兵士はみな勇敢に、死力を尽くして戦った。作戦失敗の責任はすべて私にある」

どんな結果に終わろうとも、アイゼンハワーは自分がすべての責任をとろうと腹を決めていた。この毅然とした態度が、軍指揮官や兵士だけでなく、国民の尊敬を集めた。

人から信頼されたい、自分の能力をさらに伸ばすチャンスとリソースを手に入れたいと思うなら、責任感を身につけ、いついかなる場合も責任ある行動をとるべきだ。

何があっても〝必ずやり遂げる人〟になる8つのカギ

読者の中には、責任をとるのは苦手な人もいるかもしれない。あるいは、責任感が強く、与えられた任務は必ずやり遂げるタイプの人もいるだろう。いずれにしても、次のステップに目を通し、責任感のある人間になってほしい。

1.「今いるところ」で、「小さなこと」からスタートする

アリストテレスの言葉に、「自分自身の決断が、自分の将来の姿を決める」という

のがある。

人は責任ある行動をとるたびに、責任感の強い人間になっていく。今までは責任感があるとは言えなかった人でも、変わることができる。

成功する人は、自分の行動や態度にきちんと責任を持つ。成功する人は、どんなに苦しい状況になっても、「正しい行動を選ぶ能力」がある。責任感とは、言い換えれば、正しい選択ができるかどうかであり、選択をするのは自分しかいない。

今まであまり責任ある行動がとれなかった人は、「小さなこと」から始めること。「自分が今いるところ」からスタートするしかない。責任感を養うには、自助努力が一番大切だ。

2 〝責任感のない人〟とはつき合わない

責任感を高めるのが目標なら、つき合う相手も責任感のある人を選ばなければならない。四六時中、無責任な人と行動を共にしながら、責任感を身につけるというのはまず無理な話だ。

人材訓練コンサルタントのケビン・アイケンベリーの「自分と親しい人たちをじっ

くり観察すると、自分の進む方向が見えてくる」というアドバイスに耳を傾けること。

3.「責任転嫁ゲーム」から抜け出す

あるペットフード会社の販売部長が、部下に新しいコマーシャルの感想を求めた。

「素晴らしい。業界で一番です」と部下は口をそろえて言った。

「製品はどうかね」と部長が尋ねた。

「素晴らしい」とまた部下は答えた。

「販売員についてはどうだ」と部長が続けた。

自分たちのことなので、当然、「素晴らしい。業界で一番です」という答えが返ってきた。

「わかった。ブランドも最高、パッケージも最高、コマーシャルも最高、販売員も最高。なのに、なぜ我が社は業界十七位に甘んじているんだ」

と部長が聞き返した。

重苦しい沈黙が続いた後、部下の一人がこう答えた。

「いまいましい犬どものせいです。うちのドッグフードなんか食べやしないんですから」

成功したいと思ったら、人に責任をなすりつけるのは金輪際やめるべきだ。鏡に映る自分の姿をしっかり見て、「自分の人生を切り開くのは、自分の責任だ」と覚悟を決めること。

人気トーク番組司会者のオプラ・ウィンフリーは、

「自分の人生の責任は自分でとるだけでなく、**今この瞬間に最善を尽くしておけば、次の瞬間に一番優位な位置に立てる。**これが私の人生哲学だ」

と言う。

責任感について語る時、セオドア・ルーズベルト大統領のアドバイスが役に立つ。

「持てる力を振り絞って、今の自分にできることをせよ」

言い訳は、絶対にしてはいけない。誰かに責任をなすりつけようとしてもいけない。この瞬間に集中して、最善を尽くせばいい。

もし間違えたり、失敗した時は、原因を究明し、次回は同じ轍《てつ》を踏まないように頑張ればいいのだ。

4. 始めたことは「最後まで」やり通す

この世には二種類の人がいる。ものごとを最後までやり通す人と途中で投げ出す人だ。

責任感のある人は、とことんやり抜く。一度こうと決めたら、最後までやり通す。周囲の人は、そういうところを見て、この人は「頼りになるかどうか」を判断する。

作家ベン・エイモス・ウィリアムズは言う。

「責任をとるか、とらないか。あるいは義務を果たすか、避けて通るか。人生はその繰り返しである。どんな人でも、絶えずこうした選択を迫られる。どういう選択をするかを見れば、その人の品格をかなり正確に推し量ることができる」

5. 人から「頼りにされる」自分になる

自分一人で成功を手に入れられる人はいない。成功するために人を頼りにする時もあれば、逆に人から頼りにされる時もある。

人から頼られる人間になる第一歩は、まず自分が信頼に値する人間になることだ。そして、自己中心的な考えを捨て、自分を頼りにする人のことを思いやること。

責任感を持とうと考えているだけでは十分ではない。態度で示さなければならない。

6.「誰かが代わりにやってくれる」と思うな

サウスカロライナ州控訴裁判所の首席判事を務めるアレグザンダー・M・ソンダーズ・ジュニアは、サウスカロライナ大学の一九九二年度卒業生に次のような課題を与えた。

「これからの人生で社会人としての責任を担うに当たって、大変なことは誰かがやってくれて当然だなどと考えてはいけない。他の誰かに自分の信念を代弁してもらおう、貧乏人や病人の世話をしてもらおう、国民の権利を守ってもらおう、法を執行してもらおう、文化を守ってもらおう、価値観を次世代に伝えてもらおう、文明を維持し、自由を守ってもらおう。そういう考え方は何も生み出さない。

君たちが粗末に扱うものは、人様も粗末に扱うことを肝に銘じておいてほしい。君たちが覚えていないことは、誰も覚えていてくれない。君たちが変えなければ、何も変わらない。君たちがやらないことは、誰もやらない。

君たちには、政財界のリーダーたちが金儲けだけに執着するのではない社会を築いてほしい。重要なのは、何をするべきかではなく、実行する意志があるかどうかなのだ」

多くの人は、誰かが立ち上がり、責任を引き受けてくれるのを漫然と待っている。自分が怠け者だったり、意志が弱かったり、品格に欠けるからという場合もあるが、実際には判断能力が低い、自信がないといった理由である場合が多い。

そして、自分よりよくできて、もっとふさわしい人が、立ち上がって行動を起こせばいいと考えがちである。

しかし実際は、そういう能力に恵まれた人が行動を起こすのではない。

「自分がやってやろう」という気概を持った人だけが行動を起こせるのだ。

7.「むずかしい決断」をし、「果敢に実行」する

元ニューヨーク市長ルドルフ・ジュリアーニは、在職中、デスクの上に「責任者は私です」と書いたプラカードを置いていた。

彼は著書の中で次のように書いている。

「在職期間中、私は説明責任を果たしてきた。つまり、私の下で働いている人たちは、市民に対する釈明責任を負うという考え方はすべての基盤であり、その大元が私なのだ。（中略）在職中に起こったことの責任は自分にあるという自覚ほど、リーダーの自信を深めるものはない。また、自分自身に高い要求をつきつけるボスほど、部下の水準を高く保つことができるとも言えるだろう。このことはあらゆる組織に言えることだが、とりわけ政府機関にはよくあてはまる」

この心がまえが、二〇〇一年九月十一日の同時多発テロ事件の際にも役立った。彼はいくつものむずかしい決断を素早く下すことが求められた。そして、ジュリアーニが途中で職務を投げ出すことはなかった。

このタフな責任感と強い指導力のおかげで、ニューヨーク市民はこの困難な時期を何とか乗り越えることができた。

リンカーン大統領は、「今日は責任を逃れることができたからといって、明日もそれですむと思ったら大間違いだ」と言った。

お気楽な状況でポンポンと決断する姿は一見かっこいいかもしれないが、**むずかし**

い決断をして、責任を持ってそれを実行してこそ人間的に成長できる。

8．自分の限界を超えて奉仕する

責任感について、もう一つ言っておきたいことがある。それは、能力の限界を超える責任でも、人々のためなら引き受けるという考え方だ。

ジョン・F・ケネディが大統領に就任する直前にマサチューセッツ州議会で行なった演説を見てみよう。

「恵まれた環境に生まれた者は、それ相応の義務を負う。将来、歴史という法廷で一人ひとりが裁きを受ける。その短い生涯で国家に対する責任を果たしたか、どのような職に就いているにせよ、成功したか、失敗したかは次の四つの質問で判断される。

1．真の勇気を示したか。
2．真に正しい判断をしたか。
3．真に誠実に人と接したか。
4．真に献身的だったか」

自分の利益しか考えない人は、才能もリソースも自分の持ち物と考える。人々に奉仕する人は、才能もリソースも神から貸し与えられたものと考える。

ナチによるホロコーストを生き延びたエリック・ウィーズルは、強制収容所から救出された後、長年その恩に報いるための努力を重ねた結果、一九八六年にノーベル平和賞を受賞した。ボストン大学で教授として学生を指導し、世界各国を講演してまわり、自らの経験から得た知恵を語り伝えた。

いつも彼が若者にする質問の一つは、「社会が君たちに当然与えるべきだと考える特権と義務にどう対処するか」というものだった。若者に進むべき道を示すために、彼自身の責任についての考え方を次のように述べた。

「自分が受け取ったものはすべて、次の人に引き継がなければならない。私の持っている知識を頭の中に閉じ込めておくわけにはいかない。多くの人のために役立てるのが私の義務だ。私が得たものに対して、何かお返しをしなければならない。それを感謝の念と呼んでもいい。（中略）生まれた瞬間に人生が始まるのではないという前提条件を受け入れることが「学ぶ」ことの意味なのだ。私は先人が残した足跡をたどっているにすぎない」

責任ある行動がとれるようになると、素晴らしいことがいろいろ起こる。才能に磨きがかかり、スキルも向上し、成功するチャンスが増えてくる。起きている間に生活の質が向上し、夜はぐっすり眠れる。しかも、周囲の人の人生にもよい影響を与える。

人生の物語を素晴らしいものにしたいと思うなら、それを書いているのは自分だということに気づいてほしい。私たちには、毎日のように新たな一ページを人生に書き加えるチャンスがある。

自分と他人に対する責任のことを頭におきながら、真っ白なページに書き込んでいってほしい。そうすれば、悔いのない人生を送ることができるだろう。

成功戦略12

「つき合う人」を厳選する

「他人から受ける影響」をあなどるな！

人間関係ほど、あなたの才能に大きな影響を及ぼすものは他にない。あなたの価値を認め、励ましてくれる人が周囲にいれば、才能はどんどん伸びていくだろう。

それにひきかえ、隙あらばあなたのやる気を失わせ、間違った方向へ導き、足を引っ張ろうとする人に囲まれていたのでは、才能を伸ばすことなど、ほとんど不可能だ。

■■■ 人生の9割は〝つき合う相手〟で決まる!?

「他人から受けた影響」を過小評価する人は多い。

私の両親は、友人の影響がいかに重要かをよくわきまえていた。だから、私の両親は、私が子どもの頃、私たち兄弟が誰と一緒にいることが多いか、誰を友達に選ぶかということに、細心の注意を払っていた。

私の家は、近所の子どもたちのたまり場のようになっていた。地下室には玉突き台、卓球台、化学実験セットがあったし、裏庭にはシャッフルボードのコート、バスケットボールのコート、そして子ども用の野球のダイヤモンドまであった。

これが子どもの友達を知るための両親の作戦だった。当時、専業主婦だった母は、日中は家にいるのが普通で、いつも私たちを見守っていてくれた。

いつも子どもを遠くから見守り、お昼ご飯や飲み物を出し、ケガには絆創膏を貼ってくれた。その間に、一人ひとりの行動とお互いの反応を観察するのが母の役目だった。時には私たちに、特定の子どもについて質問をすることもあった。

子どもにしてみれば、「相手を選んでつき合うことが大切だ」とは全く意識していなかったが、両親はそうではなかった。子どもたちが悪い影響を受けないように、常に気を配っていた。

しかし、大人になってからは、毎日の観察を通して、人生の悲劇はつき合う相手を間違えた時に起こり、**人生の喜びは自分にふさわしい人とのつき合いから生まれることが多い**と確信するに至った。

一緒にいると勇気をもらえる関係、足を引っ張られる関係

では、どういう人間関係があなたにとってプラスとなり、マイナスとなるか、見て

いくことにしよう。

☆マイナスの人間関係――あなたのエネルギーを吸い取る人

ある人間関係が自分にとってプラスか、マイナスかを見きわめる方法がいくつかある。

まず、その人と一緒にいると、自分に自信を持てるようになるか、それとも自信をなくすかを考える。二番目に、その人と一緒にいる時に使うエネルギー量を考える。中には、エネルギーを全部吸い取られるように感じる関係さえある。

心理学者のレス・パロットは著書の中で、エネルギーを吸い取ってしまうタイプの人の具体例を挙げている。

いつも不満タラタラか、いらないおせっかいを焼きたがる批評家

被害者意識が強く、人の同情を買おうとする殉教者

悲観的で、ものごとを常に暗く考えるぬれ落ち葉

人の気持ちに無頓着で、自分の感情を押しつけてくるブルドーザー

陰口を叩き、秘密をばらすのが大好きなおしゃべり
何事も成りゆきまかせにできない仕切屋
裏表のある裏切り者
嫉妬に猛《たけ》り狂う魔物
毒気を吐き、いつ噴火してもおかしくない火山
人の助けは借りても、絶対にお返しをしないスポンジ
いつまでも細かいことにこだわる負けず嫌い

あなたにも、こんな〝エネルギーを奪う相手〟に心あたりがあるだろう。

もちろん、どんな人間関係であっても、関係を深め維持していくにはそれなりのエネルギーが必要だ。

ただ、問題はエネルギーの量だ。注いだエネルギーに対して何か得るものがあるだろうか。たとえば、プラスの人間関係ではあるが、家族、親友、同僚チームなどには莫大な量のエネルギーを必要とする。

しかし、いつでもエネルギーを全部吸い取られるだけの関係では、何一ついいこと

はない。

本来なら才能や技術を磨くのに使うべきエネルギーを吸い取られてしまうのだから、才能はその輝きを失い、目標を見失いがちになり、最善の努力を続けられなくなるだろう。

☆プラスの人間関係――あなたに〝やる気〟と〝ひらめき〟をプレゼントする人

プラスの人間関係は、やる気を起こさせ、ひらめきを与え、自分の価値を裏づけてくれるような関係だ。気持ちを高揚させ、喜びをもたらしてくれる。

こうしたプラスの人間関係を築ける相手こそ「友達」と呼ぶにふさわしく、ぜひ大切にしたいものだ。

私の考えでは、友達というのは、次のような人のことを言う。

- あなたの夢を信じ、喜びを分かち合い、あなたの涙をぬぐって、希望を与えてくれる。
- 痛みをやわらげ、あなたの言葉に耳を傾け、共に笑い、よりよい道を教えてくれる。

❍真実を語り、励ましてくれる。

つい最近、私はどういうタイプの人が自分に生きがいとエネルギーを与えてくれるのか、リストをつくってみた。

1. 家族——家族と楽しく過ごす時間が一番楽しい
2. 創造性にあふれた人——私の創造性を目覚めさせてくれる
3. 成功を収めた人——彼らの話を聞くのが大好きだ
4. 応援してくれる人——応援は、私の魂が必要としている酸素のようだ
5. 面白い人——大笑いすると、気分が明るくなる
6. じっくり考える人——会話から学ぶことが多い
7. 同僚チーム——いつも私を支えてくれる
8. 学ぶ意欲のある人——何事にも興味を持つ人は、つき合って楽しい人だ

プラスの人間関係は、人をより高いレベルに押し上げてくれる。人を勇気づけ、一

番いいところを引き出してくれる。友達と一緒にいる時の私は、一人でいる時の私よりも立派な人間になれる。友達は人生最高の贈り物だ。

私たちには、生涯を通じて何千人という人と知り合うチャンスがある。ただの顔見知りで終わる場合がほとんどだが、中には「人生の転機」となるような大きな影響を与えてくれる人間関係もある。こうした関係は、自分の人柄や行動にも変化をもたらす。

もしあなたが、「この人と出会わなければ、今の自分はいない」と思えるほどの大きな影響を与える人にめぐり合うことがあったら、何としてでも、その人との関係を維持すること。常に感謝の念を忘れず、恩返しになるなら、どんなことでもするべきだ。

交友リストに絶対欠かせない「5人の友達」

いい人間関係を築いている時、私たちは「ありのままの自分」を受け入れやすくなり、今まで気がつかなかった才能を発見できる。自分の価値をさらに高め、能力の向上にも役立つ。

また、真の友人は、私たちを傷つけることなしに真実を教えてくれる。浮き足だった時には支えてくれる。道を踏み外しそうになったら、正しい道に戻してくれる。落ち込んでいる時は元気づけてくれるし、もっと高い目標を目指して進むよう、ひらめきを与えてくれる。

どんな人間関係であれ、お互いにプラスの影響を及ぼし合える関係にまで発展する可能性はある。そこで、そんな関係を築ける兆候を次に挙げておこう。

1.「一緒にいるとうれしい」と直感的に思える人

プラスの人間関係では、ただ一緒にいるのが楽しいから時間を共に過ごす。何をするかは問題ではない。

大人になると、日常の忙しさにまぎれ、特別な人と一緒に過ごす楽しい時間を後まわしにしがちだ。しかし、自分の愛する人と過ごす時間は、貴重なものだ。いくら忙しくても、人生で大切なものを見失ってはいけない。

2.「尊敬し合える」人

最初に相手に敬意を表すると、相手も必ず敬意を持って接してくれる。敬意は、安定した関係を築く基礎になる。

ではどんな人であれば、尊敬されるのか。それは、自分がどんなにつらい状況にあっても、相手に親切に接することができる人、関係が行き詰まっても、関係を維持するための努力を惜しまない人などがよい例だろう。

困難な時こそ、あなたが「人から尊敬されるにふさわしい人間かどうか」が試されるのだ。

3.「貴重な経験」を共有した人

「意義のある経験」を共有した人との間には、特別な絆が生まれる。

たとえば、要求のきつい大変なプロジェクトで共に働いた同僚との絆は自然と強まる。軍事訓練を一緒に受けた兵士たちの絆は、一緒に戦地に赴くことでさらに強まる。

つらい時に頼りになる人、そして喜びを分かち合える人が、誰にでも必要だ。同じ経験をすることで、こうした絆を育むチャンスが生まれる。

4．心の底から信頼できる人

ラルフ・ウォルド・エマーソンは、「友情の素晴らしさは、差し伸べられる手や親切な笑顔、時を共に過ごす喜びによるのではない。自分の能力を心の底から信じてくれる友の存在に気づいた時に訪れる魂のひらめきによるのだ」と言った。

信頼は友情がもたらす喜びであると共に、必要不可欠な要素でもある。信頼は、あらゆる人間関係の基盤である。人間関係において信頼ほど大切なものはない。相手が信頼できなければ、関係を深めることはむずかしいのである。

5．〝相互依存の関係〟にある人

いつもどちらかが一方的に与えるような関係は、長く安定した関係にはならない。バランスが崩れた関係では、信頼を築きようがない。

つまり、こういうことになるだろう。

- 自分だけが得するようなら、関係を変えなければならない。
- 相手だけが得するようなら、関係を変えなければならない。

○お互いに得するようなら、何も変える必要はない。

ある意味、**友情は銀行の口座のようなものだ。**預金もせずに、お金を引き出し続けることはできない。どちらかが借り越し、あるいは貸し越しの状態では、関係を維持していくことは不可能だ。

お互いにメリットがなければ、いい人間関係は続かない。

まず相手のことを考え、お互いに得をする関係を築き上げるのだ。

つまり、人間関係で目指すべきは、ウィン・ウィンの関係である。双方にとってプラスになる関係であれば、安定した、長続きする関係になるのだ。

■■■ 〝ウィン・ウィンの関係〟をつくる3つのルール

さて、人とのつき合いを通して、自分を向上させ続けることができるように、私は次のような提言をしたい。

1. 自分にとっての「大切な人」を見きわめる

自分にいい影響を与えてくれる人は誰かを考える前に、自分にとって一番大切な人、一緒に過ごす時間が一番長い人、そしていつも貴重なアドバイスをくれる人は誰かを考えてみること。大きな影響力を持つのはこういう人たちだ。

2. 「自分の才能」を正しく導いてくれるか

自分に影響を与えている人がわかったら、今度はそれぞれの人からどのような影響を受けているか考えてみよう。一人ひとりに、次の質問に答えてもらうとわかりやすい。

☆「私のことをどう思っているのか」

人は、自分にとって大切だと思っている相手が思い描く「将来の姿」通りの人間に成長していくことがよくある。

たとえば幼い子どもが両親から「お前は馬鹿だ。負け犬だ。生きている価値がない」と言われたら、自分はそういう人間なのだと思ってしまう。

逆に、「お前は頭がいい。みんなに好かれる。大切な宝物だ」と言われ続けた子どもは、やはりそれが本当だと思うだろう。人間というものは、自分が尊敬する人の言葉は、疑うことなく受け入れるからだ。

ラルフ・ウォルド・エマーソンは、「人は人生最高の瞬間に評価されてしかるべきだ」と主張していた。自分のためになる刺激を求めるなら、自分を高く評価してくれる人と共に時を過ごすべきだ。

☆「私の将来をどう考えているのか」

作家マーク・トウェインは、「自分の将来の夢をけなすような人には近づくな」というアドバイスを残している。人生で一番大切な人が、あなたの将来は有望だと思ってくれているだろうか。輝かしい成功を思い描いているだろうか。

☆「試練に直面していた私に対して、どんな態度をとったか」

昔から「羽振りのいい時は友達のほうから寄ってくるが、逆境になると誰が真の友達かがわかる」と言われている。これは真実である。苦境に立たされているあなたを正しい方向に導いてくれる友達は、こんな態度でつき合ってくれる人だ。

疑わずに、信じてくれる。
非難せずに、弁明してくれる。
攻撃せずに、守ってくれる。
暴露せずに、保護してくれる。
叱責せずに、怒りをこらえてくれる。
けなさずに、真価を認めてくれる。
要求せずに、与えてくれる。
挑発せずに、助けてくれる。
恨まずに、許してくれる。

打ちのめされて倒れている人を蹴飛ばし、「ざまあみろ」と言い放つような人は、友達ではない。友達なら、助け起こして、再び歩き出せるように手を貸してくれるはずだ。

☆「私のどんな面を引き出してくれるのか」

英国のヴィクトリア朝期に首相を務めたベンジャミン・ディズレーリは、

「人にしてやれる最大の善行は、自分の富を分けてやることではなく、相手の隠れた才能を引き出してやることだ」

と言った。

つまり、相手の最もすぐれたところを見つけ、それをさらに伸ばしていけるように自信を与えてやることだ。

「真の友はあなたの短所に気づいていても、長所だけを見せてくれる。あなたが恐れていることに気づけば、元気づけてくれる。不安に駆られていることに気づけば、心配を取り除いてくれる。あなたにはできないことがあっても、何ができるかを重視してくれる」

文筆家ウィリアム・アレン・ウォードの言葉である。このような友人を持ち、また自分がこんな人物になれるように心がけねばならない。

3. 真の友達がいないなら、「新しい友達」を探せ

もし親しい人が原因で憂鬱な気分になるようなら、そろそろ変化の時がやって来たのかもしれない。

講演家ジョー・ラーソンは、「古い友達は、私に講演者として成功するだけの素質があるとは信じてくれなかった。だから私は新しい世界で新しい友達を見つけた」と言った。

大切なので何度も繰り返すが、真剣に考えてみれば、人生で人間関係ほど重要なものはない。忘れないでほしい。

いくらきれいな家を建てても、いつかきっと壊れてしまう。
いくら出世しても、いつかきっと退職する時がやってくる。
いくらお金を貯め込んでも、墓場までは持っていけない。
今は素晴らしく健康でも、いつかきっと健康は衰える。
いくら立派な業績を自慢しても、いつかきっと追い越される。
しかしがっかりすることはない。一つだけ永遠のものがある。

それは友情だ。

人間関係があなたの人生を決める。そして人間関係いかんで、才能を伸ばすか、無駄にするかが決まる。

友人は、賢く選ばなければならない。

成功戦略13

「チームワークの力」を活かす

「自分の価値」×「人の価値」＝最高のチーム力

アカデミー賞作品賞を受賞した映画『ロッキー』の主人公ロッキー・バルボアは、恋人エイドリアンとの関係をこう表現した。

「俺には足りないところがある。彼女にもある。でも二人なら足りないものは何もない」

「チームワーク」について、これほど的確な表現を私は知らない。

どんなに才能に恵まれていても、必ず足りないところ、苦手なことがあるものだ。欠点を補う最善の方法は何か。それは足りない部分を補ってくれるパートナーを見つけることだ。

何か大きなことを成し遂げたいなら、チームを組んで取り組むべきだ。

人生において、何かしら「意義のあることを成し遂げたい」と思うならば、チームワークは不可欠である。

チームワークは、独りの力ではできないことを可能にするだけではなく、才能はもちろん、あらゆるものに相乗効果をもたらす。才能に恵まれた人たちが集まって何かをするというのは、それだけで芸術作品と呼ぶにふさわしい。

あなたが今、どんなビジョンや欲望を持っているにせよ、チームワークによって、大きな夢が実現していくのだ。

■■■"常勝チーム"には理由がある!

一つの目標に向かって、チームのメンバー全員が一丸となって頑張ることほど、実り多い経験はない。

私はこれまで、世界中あらゆるタイプのチームを見てきた。チームのリーダーと語り合い、チームを育て、コーチの相談を受け、チームワークについて教え、考えを書き記すことを通して、チームについての考え方が変わってきた。

これまでに私が学んだチームワークの真実を、ここでお伝えしたいと思う。

1. 多くのアイデア、リソースが手に入る

できるだけ労力は使わず、大きな効果を上げたい。誰もが願うことだろう。そうい

う時にこそチームワークがものを言う。

チームワークが個人プレーよりすぐれている理由は、いろいろな人がいるので、多くのリソースやアイデア、エネルギーが手に入ること。お互いの長所・短所を補い合えること、問題に直面した場合、多様な解決策を考えられることなどがある。

また、成功の喜びや失敗のくやしさをチーム全体で分け合うことで、心から謙虚になれる。

名声を独り占めにすれば高慢になり、責任を一人で引き受けると挫折感に苛《さいな》まれるものだ。

常識で考えてもわかることだが、一人で仕事をするよりも、誰かと協力して取り組んだほうが多くの成果を上げられる。

だが、チームワークを敬遠する人がいるのはなぜか。

チームは自然にできあがり、自然に成長していくものではない。チームには、リーダーシップと全員の協力が必要だ。チーム形成の前半で頑張れば、その努力は後半戦で十分に報われるはずだ。

2.試合に勝つには「才能」、チャンピオンになるには「チームワーク」

アメリカンフットボールのニューイングランド・ペイトリオッツのロッカールームには、「試合に出る時は一人の選手、チャンピオンになる時はチーム」という貼り紙がある。四年間で三回もスーパーボールで勝利を勝ち取った彼らなら、そんなことは百も承知だろう。

何度も優勝経験のあるチームは、チームワークの手本に最適だ。ボストン・セルティックスは二十年以上にわたってＮＢＡを席巻《せっけん》した。ＮＢＡ史上、最も優勝回数が多く、八年連続でチャンピオンの座についたこともある。しかし、チームには得点王は一人もいなかった。

当時の監督で、その後フロント入りしたレッド・アワーバックは常にチームワークを強調した。

「一人の人間が栄光を追い求めても、たいしたことはできない。われわれが成し遂げたことはすべて、一つのゴールに向かって全員が力を合わせた結果である」

スポーツの世界では、チームワークの素晴らしさをよく目にするが、ビジネスの世界でも、チームワークは非常に大切だ。

　国際電話のITT社で二十年間社長・会長を務めたハロルド・S・ジェニーンは、「リーダーシップの本質は、全員をチームとして働きたいと思わせ、共通の目的に向かわせる能力である」と言う。素晴らしい成果を出すには、チームの一員になるしかない。

3．〝個人の賞賛〟より〝チームの栄光〟を目指す

　ハーバード・ビジネス・スクールの考えるチームとは、「互いに補完するスキルを持ち、共通の目的のためにゴールを目指し、全員が責任を共有し合う少人数のグループ」のことである。

　こういう人間を集め、一緒に働かせるためには、すぐれたリーダーシップが必要になってくる。メンバーの能力が高ければ高いほど、リーダーも優秀でなければならない。

　チームのリーダーシップをとるには、メンバーに仕事の指示をするだけでは不十分だ。ただガムシャラに働かせればいいわけでもない。

リーダーの神髄は、メンバーが協力し合いながら、ガムシャラに働くように仕向けることである！

「どんなスポーツでも、優秀な選手が何人もいるのに優勝できないチームがある。そのわけは、優秀な選手にチームのために自分を犠牲にする気持ちがないからだ。面白いのは、犠牲的精神の欠如が、結局はその選手自身の目標の達成をもむずかしくすることだ。

チームとして考え、チームとしてよい成績を残せれば、一人ひとりに対する評価も自ずと高まっていく。力があれば試合には勝てる。しかしチャンピオンになるにはチームワークと知性が伴わなければならない」（マイケル・ジョーダン　史上最高のバスケットボール選手。六回の全米優勝を経験）

「あのチームはすごい！」と言われるには、各メンバーがチームは今何を一番必要としているかを考えながら行動しなければならない。

これはスポーツ、ビジネス、軍隊、ボランティア組織などにもあてはまる。また一つの組織のメンバー全員（パート社員からＣＥＯまで）にあてはまることでもある。

強いチームは、自尊心の高い選手を抱えているものだ。

成功するチームワークの秘訣は、個人の自尊心をチーム全体の自信、犠牲的精神へと変化させ、相乗効果を生むことだ。

ＮＢＡチャンピオンチームの監督パット・ライリーは語る。

「チームワークは、全員の努力の方向性を一致させなければならない。チーム全体のエネルギーが自然に流れ始めると、自分の存在意義を感じることができる」

4．「運命共同体」として協力し合える

よいチームでは、「信頼」は無条件に保証されている。常勝チームの選手は、お互いに信頼感で結ばれている。

信頼の輪が築かれないうちは、裏切られたり、傷ついたりする可能性もある。しかし無条件に与え続けるうちに、やがて相手からも信頼されるようになる。そういう人は、「一段上の人」とみなされる。

人は、チームメイトには、一貫性のある言動、絶え間ない努力、変わらぬ信頼感、

支え合いを期待する。そして、チーム内の人間関係が円滑であり、「共同体意識」が強まれば強まるほど、信頼し合い、支え合えるようになる。

もちろん、チーム内の共同体意識が強まっても、意見の対立や不一致はある。しかし、信頼感でお互いが結ばれていれば、何とか折り合いをつけていくことはできる。

5.「人の価値」を高めることで「自分の価値」も上がる

自分の利益を考えてチームに加わる人は多い。自分をスターに仕立て上げるための脇役がほしいのだ。しかし、このような態度はチームにとって有害だ。

誰よりも才能豊かな人が人のために何かをしようと思い立った時、素晴らしいことが起きる。NBAの名選手だったマジック・ジョンソンは、ジョン・F・ケネディの有名な言葉をもじって、こんなことを言っていた。

「チームメイトが自分のために何をしてくれるのかを問うのではなく、自分がチームメイトのために何ができるかを問いかけてほしい」

ジョンソンは口先だけの男ではない。ロサンゼルス・レイカーズに在籍中、選手権を勝ち抜くために、すべてのポジションでプレーした経験を持つ。

ビジネスでも、人間関係でも、他人を利用しようとする人は、必ず失敗の憂き目を見る。成功を願うなら、人の価値を高めることを忘れてはならない。その姿勢が大きな成果につながる。

■■■「個人プレーの限界」を鮮やかに乗り越える法

才能ある人は、必ずある選択を迫られる。

つまり、自分一人ですべてをこなし、名声を独り占めにするか、それともチームで達成した成果をみんなと分け合うか。

私の見たところでは、才能に恵まれた人も、一人よりチームメンバーと協力し合ったほうがより大きな成果を上げられる。その上、喜びを分かち合い、充実感を味わえる。

チームの一員として大きな成果を上げるために、やるべきことは次の通りである。

1．「一人でできること」は高が知れている

数年前、一万人の聴衆に向かって、私はこう問いかけた。

「人類史上で、他の誰の手も借りず、自分一人の力で文明に衝撃を与えるほどの影響力を持った人物がいたでしょうか」

誰かが声を上げた。

「チャールズ・リンドバーグ。単独飛行で大西洋を横断しました」

聴衆から喝采の声が上がった。

「その通りですね」

と、私は答えた。私が降参したとでも思ったのか、喝采の声はますます大きくなった。

「でも皆さん、ご存じでしたか」

と、私は続けた。

「その飛行機をつくったのは、ライアン航空工学という会社で、十人の大金持ちがリンドバーグに出資していたんです」

この言葉で、聴衆は静まりかえった。

あなたにも、全く同じことをお尋ねしたい。

「単独で成し遂げられた偉業をご存じですか」

少し調べてみればわかることだが、偉業の陰には、必ず協力者、支援者がいるものだ。自分一人の力で偉業を成し遂げた人はいない。

一という数は、偉大な業績をあげるには小さすぎる。チームワークという基盤があれば、一人でことに当たるよりも何倍にも可能性が広がり、最高潮に達するだろう。

2. 自分の〝居場所〟を確保せよ

ジャーナリストで、ラジオ番組のホストを務めるレックス・マーフィーは、「夢を成功裏に実現させるには、馬車と馬の関係が必要だ。馬がいなければ、夢をたくさん乗せた馬車はどこへも行けない」と言った。

夢が大きければ大きいほど優秀なチームが必要だが、「チームワークを積極的に活用すること」と、「チームの一員になること」とは、話が別だ。

成功するにはチームの一員となって、自分にふさわしい場所を確保することだ。

それはリーダーの地位かもしれないし、そうではないかもしれない。

もしチームの中での自分の落ち着き先が見つからなくても、チームワークをあきらめてはいけない。自分とよく似た姿勢と情熱を持った人を探し出して、その人と行動を共にすればいい。

3. 〝適切な人材〟を選び、チャンスを与える

チームのリーダーは、チームメイトの育成を自分の目標に掲げる必要があるが、手始めに、ふさわしい人材をメンバーとして迎えること。世間では、つき合う相手を見れば人となりがわかるとか、社員を見ればどういう会社かわかるとか言われている。

ＧＥの元会長ジャック・ウェルチは、

「適切な人材を選んで、大きく翼を広げるチャンスを与えれば——同時にその推進力となるように報酬を用意する——ほとんど指示など与える必要はない」

と言う。

人を鼓舞するなどというのは、愚の骨頂だ。本当に重要なのは、その人の心の奥底

にある行動のきっかけを解き放ち、方向性を与えてやることだ。

そのためには、メンバー各人の才能を見出し、自覚を促し、才能を伸ばすために最善を尽くすこと。それがすぐれたリーダーの仕事だ。

4.成功は「チームの手柄」と考える

チームワークを活かして成功するための最後のステップは、可能な限りチームメイトの功績を認めることだ。

『ビジョナリー・カンパニー2 飛躍の法則』の著者ジェームズ・コリンズは、偉大な組織のリーダーは、謙虚さを持ち、自身が注目を浴びることを避けようとする傾向があると指摘する。

だからといって、決してリーダーの能力が劣るわけでも、自信がないわけでもない。ただ、どのチームメンバーも同じように重要であり、**働きを認められるほど、人間というのは一所懸命に努力する**ことを知っているのだ。

チームとしてさらに前進し、メンバー一人ひとりの能力に磨きをかけ、可能性を最大限に引き出す手助けをしたいと思うなら、うまくいっていない時こそ責任を引き受け、うまくいっている時は、何事も自分の手柄にしてはいけない。

才能のある人が、自分に適したチームの一員として、ふさわしい役目を担う時、一人では決してなし得ないことを達成できるのである。

■監訳者あとがき……

とにかく、何回読んでも心が新しく生まれ変わる本

読み終えてみて、いかがだったろうか。

この本は、何回読んでも、心が新しく生まれ変わる本だと思う。

「なるほど。信念は大事だ」「情熱が大切」とわかっていても、日常の中では、信念や情熱、集中力のパワーを忘れてしまいがちだ。そんな日常から自分をリフレッシュさせてくれるのが本書だ。

アリストテレスは、

「正しい行動をとるから美徳や卓越性が身につく。繰り返し行なう行動が、その人の人となりを表わす。つまり、卓越性とは行動ではなく習慣である」

と言っているが、私自身は正しい方程式、プロセスを身につけるから結果が出ると思っている。そして、この本にはその正しい方程式がすべて書かれている。

あとは、あなたがそれを自分のものにするために、繰り返し、繰り返し反復練習をするだけ。これが、夢に近づいていく一番の方法だと思う。

誰しもガムシャラに努力することに疑問を持つ瞬間がある。

しかし、「ガムシャラに努力した人間」にしか得られないことは必ずある。

そして、もう一つ。

孔子も言っているが、人生は「多ならんや。多ならざるなり」で、一度にいくつものことはできない。一度に一個しかできないからこそ、自分が本当に追いかけたい夢に向かって集中し、一二〇パーセントの情熱を傾けてもらいたい。

人間には、それほど大きな差はないというのが私の考え。だから、今日、あなたが「夢に向かって生きる」と決意すれば必ず道は拓けていく。

なお、本書の訳出にあたっては、山田仁子さんのお世話になった。記して感謝したい。

協力……みんなの夢オフィス株式会社

「戦《たたか》う自分《じぶん》」をつくる13の成功戦略《せいこうせんりゃく》

著　者――ジョン・C・マクスウェル
監訳者――渡邉美樹（わたなべ・みき）
発行者――押鐘太陽
発行所――株式会社三笠書房
〒102-0072 東京都千代田区飯田橋3-3-1
電話：(03)5226-5734（営業部）
：(03)5226-5731（編集部）
http://www.mikasashobo.co.jp
印　刷――誠宏印刷
製　本――宮田製本

編集責任者　迫　猛
ISBN978-4-8379-5706-5 C0030

T20021